2014年发布

中国企业会计准则

U0832781

企业会计准则第30号
——财务报表列报

财政部会计司　编

中国财政经济出版社

图书在版编目（CIP）数据

企业会计准则第30号：财务报表列报/财政部会计司编．—北京：中国财政经济出版社，2014.7
（中国企业会计准则）
ISBN 978－7－5095－5502－6

Ⅰ.①企… Ⅱ.①财… Ⅲ.①企业－会计准则－中国
Ⅳ.①F279.23

中国版本图书馆CIP数据核字（2014）第142250号

责任编辑：李 磊　　责任校对：张 凡
封面设计：邹海东　　版式设计：康普宝蓝

中国财政经济出版社出版
URL: http: //ckfz.cfeph.cn
E-mail: ckfz @cfeph.cn
（版权所有 翻印必究）
社址：北京市海淀区阜成路甲28号 邮政编码：100142
营销中心电话：010-88190406 北京财经书店电话：010-64033436、84041336
河北省零五印刷厂印刷 各地新华书店经销
787×1092毫米 16开 7.5印张 80 000字
2014年7月第1版 2015年1月河北第7次印刷
印数28 111—33 120 定价：35.00元
ISBN 978－7－5095－5502－6／F・4448
（图书出现印装问题，本社负责调换）
质量投诉电话：010—88190744
打击盗版举报热线：010—88190492，QQ：634579818

财政部文件

财会〔2014〕7号

财政部关于印发修订《企业会计准则第30号——财务报表列报》的通知

国务院有关部委、有关直属机构，各省、自治区、直辖市、计划单列市财政厅（局），新疆生产建设兵团财务局，财政部驻各省、自治区、直辖市、计划单列市财政监察专员办事处，有关中央管理企业：

为了适应社会主义市场经济发展需要，提高企业财务报表列报质量和会计信息透明度，根据《企业会计准则——基本准则》，我部对《企业会计准则第30号——财务报表列报》进行了修订，现予印发，自2014年7月1日起在所有执行企业会计准则的企业范围内施行，鼓励在境外上市的企业提前执行。我部于2006年2月15日发布的《财政部关于印发〈企业会计准则第1号——存货〉等38项具体准则的通知》（财会〔2006〕3号）中的《企业会计准则第30号——财务报表列报》同时废止。

执行中有何问题，请及时反馈我部。

附件：企业会计准则第30号——财务报表列报

财政部

2014年1月26日

总 目 录

第一部分

企业会计准则第 30 号
——财务报表列报

第一章　总　则

第一条　为了规范财务报表的列报，保证同一企业不同期间和同一期间不同企业的财务报表相互可比，根据《企业会计准则——基本准则》，制定本准则。

第二条　财务报表是对企业财务状况、经营成果和现金流量的结构性表述。财务报表至少应当包括下列组成部分：

（一）资产负债表；

（二）利润表；

（三）现金流量表；

（四）所有者权益（或股东权益，下同）变动表；

（五）附注。

财务报表上述组成部分具有同等的重要程度。

第三条　本准则适用于个别财务报表和合并财务报表，以及年度财务报表和中期财务报表，《企业会计准则第32号——中期财务报告》另有规定的除外。合并财务报表的编制和列报，还应遵循《企业会计准则第33号——合并财务报表》；现金流量表的编制和列报，还应遵循《企业会计准则第31号——现金流量表》；其他会计准则的特殊列报要求，适用其他相关会计准则。

第二章　基本要求

第四条　企业应当以持续经营为基础，根据实际发生的交易和事项，按照《企业会计准则——基本准则》和其他各项会计准则的规定进行确认和计量，在此基础上编制财务报表。企业不应以附注披露代替确认和计量，不恰当的确认和计量也不能通过充分披露相关会计政策而纠正。

如果按照各项会计准则规定披露的信息不足以让报表使用者了解特定交易或事项对企业财务状况和经营成果的影响时，企业还应当披露其他的必要信息。

第五条 在编制财务报表的过程中，企业管理层应当利用所有可获得信息来评价企业自报告期末起至少12个月的持续经营能力。

评价时需要考虑宏观政策风险、市场经营风险、企业目前或长期的盈利能力、偿债能力、财务弹性以及企业管理层改变经营政策的意向等因素。

评价结果表明对持续经营能力产生重大怀疑的，企业应当在附注中披露导致对持续经营能力产生重大怀疑的因素以及企业拟采取的改善措施。

第六条 企业如有近期获利经营的历史且有财务资源支持，则通常表明以持续经营为基础编制财务报表是合理的。

企业正式决定或被迫在当期或将在下一个会计期间进行清算或停止营业的，则表明以持续经营为基础编制财务报表不再合理。在这种情况下，企业应当采用其他基础编制财务报表，并在附注中声明财务报表未以持续经营为基础编制的事实、披露未以持续经营为基础编制的原因和财务报表的编制基础。

第七条 除现金流量表按照收付实现制原则编制外，企业应当按照权责发生制原则编制财务报表。

第八条 财务报表项目的列报应当在各个会计期间保持一致，不得随意变更，但下列情况除外：

（一）会计准则要求改变财务报表项目的列报。

（二）企业经营业务的性质发生重大变化或对企业经营影响较大的交易或事项发生后，变更财务报表项目的列报能够提供更可靠、更相关的会计信息。

第九条　性质或功能不同的项目，应当在财务报表中单独列报，但不具有重要性的项目除外。

性质或功能类似的项目，其所属类别具有重要性的，应当按其类别在财务报表中单独列报。

某些项目的重要性程度不足以在资产负债表、利润表、现金流量表或所有者权益变动表中单独列示，但对附注却具有重要性，则应当在附注中单独披露。

第十条　重要性，是指在合理预期下，财务报表某项目的省略或错报会影响使用者据此作出经济决策的，该项目具有重要性。

重要性应当根据企业所处的具体环境，从项目的性质和金额两方面予以判断，且对各项目重要性的判断标准一经确定，不得随意变更。判断项目性质的重要性，应当考虑该项目在性质上是否属于企业日常活动、是否显著影响企业的财务状况、经营成果和现金流量等因素；判断项目金额大小的重要性，应当考虑该项目金额占资产总额、负债总额、所有者权益总额、营业收入总额、营业成本总额、净利润、综合收益总额等直接相关项目金额的比重或所属报表单列项目金额的比重。

第十一条　财务报表中的资产项目和负债项目的金额、收入项目和费用项目的金额、直接计入当期利润的利得项目和损失项目的金额不得相互抵销，但其他会计准则另有规定的除外。

一组类似交易形成的利得和损失应当以净额列示，但具有重要性的除外。

资产或负债项目按扣除备抵项目后的净额列示，不属于抵销。

非日常活动产生的利得和损失，以同一交易形成的收益扣减相关费用后的净额列示更能反映交易实质的，不属于抵销。

第十二条 当期财务报表的列报，至少应当提供所有列报项目上一个可比会计期间的比较数据，以及与理解当期财务报表相关的说明，但其他会计准则另有规定的除外。

根据本准则第八条的规定，财务报表的列报项目发生变更的，应当至少对可比期间的数据按照当期的列报要求进行调整，并在附注中披露调整的原因和性质，以及调整的各项目金额。对可比数据进行调整不切实可行的，应当在附注中披露不能调整的原因。

不切实可行，是指企业在作出所有合理努力后仍然无法采用某项会计准则规定。

第十三条 企业应当在财务报表的显著位置至少披露下列各项：

（一）编报企业的名称。

（二）资产负债表日或财务报表涵盖的会计期间。

（三）人民币金额单位。

（四）财务报表是合并财务报表的，应当予以标明。

第十四条 企业至少应当按年编制财务报表。年度财务报表涵盖的期间短于一年的，应当披露年度财务报表的涵盖期间、短于一年的原因以及报表数据不具可比性的事实。

第十五条 本准则规定在财务报表中单独列报的项目，应当单独列报。其他会计准则规定单独列报的项目，应当增加单独列报项目。

第三章　资产负债表

第十六条　资产和负债应当分别流动资产和非流动资产、流动负债和非流动负债列示。

金融企业等销售产品或提供服务不具有明显可识别营业周期的企业，其各项资产或负债按照流动性列示能够提供可靠且更相关信息的，可以按照其流动性顺序列示。从事多种经营的企业，其部分资产或负债按照流动和非流动列报、其他部分资产或负债按照流动性列示能够提供可靠且更相关信息的，可以采用混合的列报方式。

对于同时包含资产负债表日后一年内（含一年，下同）和一年之后预期将收回或清偿金额的资产和负债单列项目，企业应当披露超过一年后预期收回或清偿的金额。

第十七条　资产满足下列条件之一的，应当归类为流动资产：

（一）预计在一个正常营业周期中变现、出售或耗用。

（二）主要为交易目的而持有。

（三）预计在资产负债表日起一年内变现。

（四）自资产负债表日起一年内，交换其他资产或清偿负债的能力不受限制的现金或现金等价物。

正常营业周期，是指企业从购买用于加工的资产起至实现现金或现金等价物的期间。正常营业周期通常短于一年。因生产周期较长等导致正常营业周期长于一年的，尽管相关资产往往超过一年才变现、出售或耗用，仍应当划分为流动资产。正常营业周期不能确定的，应当以一年（12个月）作为正常营业周期。

第十八条 流动资产以外的资产应当归类为非流动资产，并应按其性质分类列示。被划分为持有待售的非流动资产应当归类为流动资产。

第十九条 负债满足下列条件之一的，应当归类为流动负债：

（一）预计在一个正常营业周期中清偿。

（二）主要为交易目的而持有。

（三）自资产负债表日起一年内到期应予以清偿。

（四）企业无权自主地将清偿推迟至资产负债表日后一年以上。负债在其对手方选择的情况下可通过发行权益进行清偿的条款与负债的流动性划分无关。

企业对资产和负债进行流动性分类时，应当采用相同的正常营业周期。企业正常营业周期中的经营性负债项目即使在资产负债表日后超过一年才予清偿的，仍应当划分为流动负债。经营性负债项目包括应付账款、应付职工薪酬等，这些项目属于企业正常营业周期中使用的营运资金的一部分。

第二十条 流动负债以外的负债应当归类为非流动负债，并应当按其性质分类列示。被划分为持有待售的非流动负债应当归类为流动负债。

第二十一条 对于在资产负债表日起一年内到期的负债，企业有意图且有能力自主地将清偿义务展期至资产负债表日后一年以上的，应当归类为非流动负债；不能自主地将清偿义务展期的，即使在资产负债表日后、财务报告批准报出日前签订了重新安排清偿计划协议，该项负债仍应当归类为流动负债。

第二十二条 企业在资产负债表日或之前违反了长期借款协议，导致贷款人可随时要求清偿的负债，应当归类为流动负债。

贷款人在资产负债表日或之前同意提供在资产负债表日后一年以上的宽限期，在此期限内企业能够改正违约行为，且贷款人不能要求随时清偿的，该项负债应当归类为非流动负债。

其他长期负债存在类似情况的，比照上述第一款和第二款处理。

第二十三条　资产负债表中的资产类至少应当单独列示反映下列信息的项目：

（一）货币资金；

（二）以公允价值计量且其变动计入当期损益的金融资产；

（三）应收款项；

（四）预付款项；

（五）存货；

（六）被划分为持有待售的非流动资产及被划分为持有待售的处置组中的资产；

（七）可供出售金融资产；

（八）持有至到期投资；

（九）长期股权投资；

（十）投资性房地产；

（十一）固定资产；

（十二）生物资产；

（十三）无形资产；

（十四）递延所得税资产。

第二十四条　资产负债表中的资产类至少应当包括流动资产和非流动资产的合计项目，按照企业的经营性质不切实可行的除外。

第二十五条 资产负债表中的负债类至少应当单独列示反映下列信息的项目：

（一）短期借款；

（二）以公允价值计量且其变动计入当期损益的金融负债；

（三）应付款项；

（四）预收款项；

（五）应付职工薪酬；

（六）应交税费；

（七）被划分为持有待售的处置组中的负债；

（八）长期借款；

（九）应付债券；

（十）长期应付款；

（十一）预计负债；

（十二）递延所得税负债。

第二十六条 资产负债表中的负债类至少应当包括流动负债、非流动负债和负债的合计项目，按照企业的经营性质不切实可行的除外。

第二十七条 资产负债表中的所有者权益类至少应当单独列示反映下列信息的项目：

（一）实收资本（或股本，下同）；

（二）资本公积；

（三）盈余公积；

（四）未分配利润。

在合并资产负债表中，应当在所有者权益类单独列示少数股东权益。

第二十八条 资产负债表中的所有者权益类应当包括所有者权益的合计项目。

第二十九条 资产负债表应当列示资产总计项目，负债和所有者权益总计项目。

第四章　利润表

第三十条 企业在利润表中应当对费用按照功能分类，分为从事经营业务发生的成本、管理费用、销售费用和财务费用等。

第三十一条 利润表至少应当单独列示反映下列信息的项目，但其他会计准则另有规定的除外：

（一）营业收入；

（二）营业成本；

（三）营业税金及附加；

（四）管理费用；

（五）销售费用；

（六）财务费用；

（七）投资收益；

（八）公允价值变动损益；

（九）资产减值损失；

（十）非流动资产处置损益；

（十一）所得税费用；

（十二）净利润；

（十三）其他综合收益各项目分别扣除所得税影响后的净额；

（十四）综合收益总额。

金融企业可以根据其特殊性列示利润表项目。

第三十二条 综合收益，是指企业在某一期间除与所有者以其所有者身份进行的交易之外的其他交易或事项所引起的所有者权益变动。综合收益总额项目反映净利润和其他综合收益扣除所得税影响后的净额相加后的合计金额。

第三十三条 其他综合收益，是指企业根据其他会计准则规定未在当期损益中确认的各项利得和损失。

其他综合收益项目应当根据其他相关会计准则的规定分为下列两类列报：

（一）以后会计期间不能重分类进损益的其他综合收益项目，主要包括重新计量设定受益计划净负债或净资产导致的变动、按照权益法核算的在被投资单位以后会计期间不能重分类进损益的其他综合收益中所享有的份额等；

（二）以后会计期间在满足规定条件时将重分类进损益的其他综合收益项目，主要包括按照权益法核算的在被投资单位以后会计期间在满足规定条件时将重分类进损益的其他综合收益中所享有的份额、可供出售金融资产公允价值变动形成的利得或损失、持有至到期投资重分类为可供出售金融资产形成的利得或损失、现金流量套期工具产生的利得或损失中属于有效套期的部分、外币财务报表折算差额等。

第三十四条 在合并利润表中，企业应当在净利润项目之下单独列示归属于母公司所有者的损益和归属于少数股东的损益，在综合收益总额项目之下单独列示归属于母公司所有者的综合收益总额和归属于少数股东的综合收益总额。

第五章 所有者权益变动表

第三十五条 所有者权益变动表应当反映构成所有者

权益的各组成部分当期的增减变动情况。综合收益和与所有者（或股东，下同）的资本交易导致的所有者权益的变动，应当分别列示。

与所有者的资本交易，是指企业与所有者以其所有者身份进行的、导致企业所有者权益变动的交易。

第三十六条　所有者权益变动表至少应当单独列示反映下列信息的项目：

（一）综合收益总额，在合并所有者权益变动表中还应单独列示归属于母公司所有者的综合收益总额和归属于少数股东的综合收益总额；

（二）会计政策变更和前期差错更正的累积影响金额；

（三）所有者投入资本和向所有者分配利润等；

（四）按照规定提取的盈余公积；

（五）所有者权益各组成部分的期初和期末余额及其调节情况。

第六章　附　注

第三十七条　附注是对在资产负债表、利润表、现金流量表和所有者权益变动表等报表中列示项目的文字描述或明细资料，以及对未能在这些报表中列示项目的说明等。

第三十八条　附注应当披露财务报表的编制基础，相关信息应当与资产负债表、利润表、现金流量表和所有者权益变动表等报表中列示的项目相互参照。

第三十九条　附注一般应当按照下列顺序至少披露：

（一）企业的基本情况。

1. 企业注册地、组织形式和总部地址。

2. 企业的业务性质和主要经营活动。

3. 母公司以及集团最终母公司的名称。

4. 财务报告的批准报出者和财务报告批准报出日，或者以签字人及其签字日期为准。

5. 营业期限有限的企业，还应当披露有关其营业期限的信息。

（二）财务报表的编制基础。

（三）遵循企业会计准则的声明。

企业应当声明编制的财务报表符合企业会计准则的要求，真实、完整地反映了企业的财务状况、经营成果和现金流量等有关信息。

（四）重要会计政策和会计估计。

重要会计政策的说明，包括财务报表项目的计量基础和在运用会计政策过程中所做的重要判断等。重要会计估计的说明，包括可能导致下一个会计期间内资产、负债账面价值重大调整的会计估计的确定依据等。

企业应当披露采用的重要会计政策和会计估计，并结合企业的具体实际披露其重要会计政策的确定依据和财务报表项目的计量基础，及其会计估计所采用的关键假设和不确定因素。

（五）会计政策和会计估计变更以及差错更正的说明。

企业应当按照《企业会计准则第28号——会计政策、会计估计变更和差错更正》的规定，披露会计政策和会计估计变更以及差错更正的情况。

（六）报表重要项目的说明。

企业应当按照资产负债表、利润表、现金流量表、所有者权益变动表及其项目列示的顺序，对报表重要项目的说明采用文字和数字描述相结合的方式进行披露。报表重要项目的明细金额合计，应当与报表项目金额相衔接。

企业应当在附注中披露费用按照性质分类的利润表补充资料，可将费用分为耗用的原材料、职工薪酬费用、折旧费用、摊销费用等。

（七）或有和承诺事项、资产负债表日后非调整事项、关联方关系及其交易等需要说明的事项。

（八）有助于财务报表使用者评价企业管理资本的目标、政策及程序的信息。

第四十条　企业应当在附注中披露下列关于其他综合收益各项目的信息：

（一）其他综合收益各项目及其所得税影响；

（二）其他综合收益各项目原计入其他综合收益、当期转出计入当期损益的金额；

（三）其他综合收益各项目的期初和期末余额及其调节情况。

第四十一条　企业应当在附注中披露终止经营的收入、费用、利润总额、所得税费用和净利润，以及归属于母公司所有者的终止经营利润。

第四十二条　终止经营，是指满足下列条件之一的已被企业处置或被企业划归为持有待售的、在经营和编制财务报表时能够单独区分的组成部分：

（一）该组成部分代表一项独立的主要业务或一个主要经营地区。

（二）该组成部分是拟对一项独立的主要业务或一个主要经营地区进行处置计划的一部分。

（三）该组成部分是仅仅为了再出售而取得的子公司。

同时满足下列条件的企业组成部分（或非流动资产，下同）应当确认为持有待售：该组成部分必须在其当前状况下仅根据出售此类组成部分的惯常条款即可立即出售；企业已经就处置该组成部分作出决议，如按规定需得到股东批准的，应当已经取得股东大会或相应权力机构的批准；企业已经与受让方签订了不可撤销的转让协议；该项转让将在一年内完成。

第四十三条 企业应当在附注中披露在资产负债表日后、财务报告批准报出日前提议或宣布发放的股利总额和每股股利金额（或向投资者分配的利润总额）。

第七章 衔接规定

第四十四条 在本准则施行日之前已经执行企业会计准则的企业，应当按照本准则调整财务报表的列报项目；涉及有关报表和附注比较数据的，也应当做相应调整，调整不切实可行的除外。

第八章 附 则

第四十五条 本准则自2014年7月1日起施行。

第二部分

《企业会计准则第 30 号——财务报表列报》应用指南

目 录

一、总体要求

《企业会计准则第30号——财务报表列报》（以下简称“本准则”）规范了财务报表的列报。列报，是指交易和事项在报表中的列示和在附注中的披露。其中，“列示”通常反映资产负债表、利润表、现金流量表和所有者权益（或股东权益，下同）变动表等报表中的信息，“披露”通常反映附注中的信息。本准则主要规范了财务报表的组成，财务报表列报的基本要求，资产负债表、利润表、所有者权益变动表的列示和附注的披露内容、结构及其编制方法等问题。

本准则规定，财务报表是对企业财务状况、经营成果和现金流量的结构性表述。一套完整的财务报表至少应当包括“四表一注”，即资产负债表、利润表、现金流量表、所有者权益变动表和附注，并且这些组成部分在列报上具有同等的重要程度，企业不得强调某张报表或某些报表（或附注）较其他报表（或附注）更为重要。

本准则规定，企业应当依据各项会计准则确认和计量的结果编制财务报表；企业编制财务报表时应当对企业持续经营能力进行评估；企业应当按照权责发生制编制财务报表，但现金流量表信息除外；企业财务报表项目的列报应当在各个会计期间保持一致；企业单独列报或汇总列报相关项目时应当遵循重要性原则；企业财务报表项目一般不得以金额抵销后的净额列报；企业应当列报可比会计期间的比较数据等。

本准则规定，资产负债表应当按照资产、负债和所有者权益三大类别分类列报，并且资产和负债应当按照流动性列示。利润表应当对费用按照功能分类进行列报，同时在附注中披露费用按照性质分类的利润表补充资料；利润表中其他综合收益项目应当根据其他相关会计准则的规定分为“以后会计期间不能重分类进损益的其他综合收益项目”和“以后会计期间在满足规定条件时将重分类进损益的其他综合收益项目”两类列报。所有者权益变动表应当反映构成所有者权益的各组成部分当期的增减变动情况，综合收益和与所有者（或股东）的资本交易导致的所有者权益变动应当分别列示。本准则还对附注至少披露的信息进行了规范。

企业应当根据本准则及应用指南的规定，并结合自身经营活动的性质，确定本企业适用的财务报表格式。企业如存在特殊项目或特殊行业企业确有特别需要的，可以结合本企业的实际情况，在本应用指南规定的财务报表格式的基础上对财务报表格式进行相应调整和补充。

二、关于适用范围

本准则规定，本准则适用于个别财务报表和合并财务报表，以及年度财务报表和中期财务报表。在遵循本准则的基础上，企业编制合并财务报表的，还应当遵循《企业会计准则第33号——合并财务报表》。企业编制中期财务报表的，还应当遵循《企业会计准则第32号——中期财务报告》，中期财务报告至少应当包括资产负债表、利润表、现金流量表和附注，企业可以根据需要自行决定是否编制中期所有者权益变动表。与年度财务报表相比，除中期财务报告中的附注披露可适当简化外，中期资产负债表、利润表、现金流量表和所有者权益变动表（如果编制的话）的格式和内容应当与年度财务报表相一致。

从财务报表组成部分来看，本准则主要对资产负债表、利润表、所有者权益变动表的列报和附注的披露进行了规范，企业编制现金流量表还应当遵循《企业会计准则第31号——现金流量表》，但是本准则对财务报表列报的基本要求同样适用于现金流量表的列报。

本准则对财务报表列报进行了原则性和框架性的规定，是企业列报财务报表的最低要求，企业还应当同时遵循其他会计准则中规定的特殊列报要求。

三、关于财务报表列报的基本要求

（一）依据各项会计准则确认和计量的结果编制财务报表

企业应当根据实际发生的交易和事项，遵循《企业会计准则——基本准则》（以下简称"基本准则"）、各项具体会计准则及解释的规定进行确认和计量，并在此基础上编制财务报表。

企业应当在附注中对这一情况作出声明，只有遵循了企业会计准则的所有规定时，财务报表才应当被称为"遵循了企业会计准则"。同时，企业不应以在附注中披露代替对交易和事项的确认和计量，也就是说，企业采用的不恰当的会计政策，不得通过在附注中披露等其他形式予以更正，企业应当对交易和事项进行正确的确认和计量。

此外，如果按照各项会计准则规定披露的信息不足以让报表使用者了解特定交易或事项对企业财务状况、经营成果和现金流量的影响时，企业还应当披露其他的必要信息。

（二）列报基础

本准则规定，企业应当以持续经营为基础编制财务报表。持续经营是会计的基本前提，也是会计确认、计量及编制财务报表的基础。在编制财务报表的过程中，企业管理层应当全面评估企业的持续经营能力。企业管理层在对企业持续经营能力进行评估时，应当利用其所有可获得的信息，评估涵盖的期间应包括企业自资产负债表日起至少12个月，评估需要考虑的因素包括宏观政策风险、市场经营风险、企业目前或长期的盈利能力、偿债能力、财务弹性以及企业管理层改变经营政策的意向等。评价结果表明对持续经营能力产生重大怀疑的，企业应当在附注中披露导致对持续经营能力产生重大怀疑的影响因素以及企业拟采取的改善措施。

企业在评估持续经营能力时应当结合考虑企业的具体情况。通常情况下，如果企业过去每年都有可观的净利润，并且易于获取所需的财务资源，则对持续经营能力的评估易于判断，这表明企业以持续经营为基础编制财务报表是合理的，而无需进行详细的分析。反之，如果企业过去多年有亏损的记录等情况，则需要通过考虑更加广泛的相关因素来作出评价，比如目前和预期未来的获利能力、债务清偿计划、替代融资的潜在来源等。

企业如果存在以下情况之一，则通常表明其处于非持续经营状态：(1)企业已在当期进行清算或停止营业；（2）企业已经正式决定在下一个会计期间进行清算或停止营业；（3）企业已确定在当期或下一个会计期间没有其他可供选择的方案而将被迫进行清算或停止营业。企业处于非持续经营状态时，应当采用清算价值等其他基础编制财务报表，比如破产企业的资产采用可变现净值计量、负债按照其预计的结算金额计量等。在非持续经营情况下，企业应当在附注中声明财务报表未以持续经营为基础列报、披露未以持续经营为基础的原因以及财务报表的编制基础。

（三）权责发生制

本准则规定，除现金流量表按照收付实现制编制外，企业应当按照权责发生制编制其他财务报表。在采用权责发生制会计的情况下，当项目符合基本准则中财务报表要素的定义和确认标准时，企业就应当确认相应的资产、负债、所有者权益、收入和费用，并在财务报表中加以反映。

（四）列报的一致性

可比性是会计信息质量的一项重要质量要求，目的是使同一企业不同期间和同一期间不同企业的财务报表相互可比。本准则规定，财务报表项目的列报应当在各个会计期间保持一致，不得随意变更。这一要求不仅只针对财务报表中的项目名称，还包括财务报表项目的分类、排列顺序等方面。

在下列情况下，企业可以变更财务报表项目的列报：（1）会计准则要求改变财务报表项目的列报；（2）企业经营业务的性质发生重大变化或对企业经营影响较大的交易或事项发生后，变更财务报表项目的列报能够提供更可靠、更相关的会计信息。企业变更财务报表项目列报的，应当根据本准则的有关规定提供列报的比较信息。

（五）依据重要性原则单独或汇总列报项目

关于项目在财务报表中是单独列报还是汇总列报，应当依据重要性原则来判断。总的原则是，如果某项目单个看不具有重要性，则可将其与其他项目汇总列报；如具有重要件，则应当单独列报。企业应当遵循如下规定：

1. 性质或功能不同的项目，一般应当在财务报表中单独列报，但是不具有重要性的项目可以汇总列报。比如，存货和固定资产在性质上和功能上都有本质差别，必须分别在资产负债表上单独列报。

2. 性质或功能类似的项目，一般可以汇总列报，但是对其具有重要性的类别应该单独列报。比如，原材料、低值易耗品等项目在性质上类似，均通过生产过程形成企业的产品存货，因此可以汇总列报，汇总之后的类别统称为“存货”在资产负债表上单独列报。

3. 项目单独列报的原则不仅适用于报表，还适用于附注。某些项目的重要性程度不足以在资产负债表、利润表、现金流量表或所有者权益变动表中单独列示，但对附注却具有重要性，在这种情况下应当在附注中单独披露。比如，对某制造业企业而言，原材料、在产品、库存商品等项目的重要性程度不足以在资产负债表上单独列示，因此在资产负债表上汇总列示，但是鉴于其对该制造业企业的重要性，应当在附注中单独披露。

4. 本准则规定在财务报表中单独列报的项目，企业应当单独列报。其他会计准则规定单独列报的项目，企业应当增加单独列报项目。

重要性是判断财务报表项目是否单独列报的重要标准。本准则规定，重要性是指在合理预期下，如果财务报表某项目的省略或错报会影响使用者据此作出经济决策的，则该项目就具有重要性。企业在进行重要性判断时，应当根据所处环境，从项目的性质和金额大小两方面予以判断：一方面，应当考虑该项目的性质是否属于企业日常活动、是否显著影响企业的财务状况、经营成果和现金流量等因素；另一方面，判断项目金额大小的重要性，应当通过单项金额占资产总额、负债总额、所有者权益总额、营业收入总额、营业成本总额、净利润、综合收益总额等直接相关或所属报表单列项目金额的比重加以确定。企业对于各个项目的重要性判断标准一经确定，不得随意变更。

（六）财务报表项目金额间的相互抵销

本准则规定，财务报表项目应当以总额列报，资产和负债、收入和费用、直接计入当期利润的利得项目和损失项目的金额不能相互抵销，即不得以净额列报，但企业会计准则另有规定的除外。比如，企业欠客户的应付款不得与其他客户欠本企业的应收款相抵销，否则就掩盖了交易的实质。再如，收入和费用反映了企业投入和产出之间的关系，是企业经营成果的两个方面，为了更好地反映经济交易的实质、考核企业经营管理水平以及预测企业未来现金流量，收入和费用不得相互抵销。

本准则规定以下三种情况不属于抵销：

1. 一组类似交易形成的利得和损失以净额列示的，不属于抵销。例如，汇兑损益应当以净额列报，为交易目的而持有的金融工具形成的利得和损失应当以净额列报。但是，如果相关的利得和损失具有重要性，则应当单独列报。

2. 资产或负债项目按扣除备抵项目后的净额列示，不属于抵销。例如，资产计提的减值准备，实质上意味着资产的价值确实发生了减损，资产项目应当按扣除减值准备后的净额列示，这样才反映了资产当时的真实价值。

3. 非日常活动产生的利得和损失，以同一交易形成的收益扣减相关费用后的净额列示更能反映交易实质的，不属于抵销。非日常活动并非企业主要的业务，非日常活动产生的损益以收入扣减费用后的净额列示，更能有利于报表使用者的理解。例如，非流动资产处置形成的利得或损失，应当按处置收入扣除该资产的账面金额和相关销售费用后的净额列报。

（七）比较信息的列报

本准则规定，企业在列报当期财务报表时，至少应当提供所有列报项目上一个可比会计期间的比较数据，以及与理解当期财务报表相关的说明，目的是向报表使用者提供对比数据，提高信息在会计期间的可比性。列报比较信息的这一要求适用于财务报表的所有组成部分，即既适用于四张报表，也适用于附注。

通常情况下，企业列报所有列报项目上一个可比会计期间的比较数据，至少包括两期各报表及相关附注。当企业追溯应用会计政策或追溯重述、或者重新分类财务报表项目时，按照《企业会计准则第28号——会计政策、会计估计变更和差错更正》等的规定，企业应当在一套完整的财务报表中列报最早可比期间期初的财务报表，即应当至少列报三期资产负债表、两期其他各报表（利润表、现金流量表和所有者权益变动表）及相关附注。其中，列报的三期资产负债表分别指当期期末的资产负债表、上期期末（即当期期初）的资产负债表、以及上期期初的资产负债表。

企业根据本准则的规定确需变更财务报表项目列报的，应当至少对可比期间的数据按照当期的列报要求进行调整，并在附注中披露调整的原因和性质、以及调整的各项目金额。但是，在某些情况下，对可比期间比较数据进行调整是不切实可行的，比如，企业在以前期间可能没有按照可以进行重新分类的方式收集数据，并且重新生成这些信息是不切实可行的，则企业应当在附注中披露不能调整的原因、以及假设金额重新分类可能进行的调整的性质。

关于企业变更会计政策或更正差错时要求的对比较信息的调整，由《企业会计准则第28号——会计政策、会计估计变更和差错更正》规范。

（八）财务报表表首的列报要求

财务报表通常与其他信息（如企业年度报告等）一起公布，企业应当将按照企业会计准则编制的财务报告与一起公布的同一文件中的其他信息相区分。

本准则规定，企业在财务报表的显著位置（通常是表首部分）应当至少披露下列基本信息：

1. 编报企业的名称。如企业名称在所属当期发生了变更的，还应明确标明。

2. 对资产负债表而言，应当披露资产负债表日；对利润表、现金流量表、所有者权益变动表而言，应当披露报表涵盖的会计期间。

3. 货币名称和单位。按照我国企业会计准则的规定，企业应当以人民币作为记账本位币列报，并标明金额单位，如人民币元、人民币万元等。

4. 财务报表是合并财务报表的，应当予以标明。

（九）报告期间

本准则规定，企业至少应当按年编制财务报表。根据《中华人民共和国会计法》的规定，会计年度自公历1月1日起至12月31日止。因此，企业在编制年度财务报表时，可能存在年度财务报表涵盖的期间短于一年的情况，比如企业在年度中间（如3月1日）开始设立等。在这种情况下，企业应当披露年度财务报表的实际涵盖期间及其短于一年的原因，并应当说明由此引起财务报表项目与比较数据不具可比性这一事实。

四、关于资产负债表

资产负债表是反映企业在某一特定日期的财务状况的会计报表，即反映了某一特定日期关于企业资产、负债、所有者权益及其相互关系的信息。

（一）资产负债表列报的总体要求

1. 分类别列报

资产负债表列报应当如实反映企业在资产负债表日所拥有的资源、所承担的负债以及所有者所拥有的权益。本准则规定，资产负债表应当按照资产、负债和所有者权益三大类别分类列报。

2. 资产和负债按流动性列报

本准则规定，资产负债表上资产和负债应当按照流动性分别分为流动资产和非流动资产、流动负债和非流动负债列示。流动性，通常按资产的变现或耗用时间长短或者负债的偿还时间长短来确定。本准则规定，企业应当先列报流动性强的资产或负债，再列报流动性弱的资产或负债。

对于一般企业（比如工商企业）而言，通常在明显可识别的营业周期内销售产品或提供服务，应当将资产和负债分别分为流动资产和非流动资产、流动负债和非流动负债列示，有助于反映本营业周期内预期能实现的资产和应偿还的负债。但是，对于银行、证券、保险等金融企业而言，其销售产品或提供服务不具有明显可识别营业周期，在经营内容上也不同于一般企业，导致其资产和负债的构成项目也与一般企业有所不同，具有特殊性，金融企业的有些资产或负债无法严格区分为流动资产和非流动资产。在这种情况下，按照流动性列示往往能够提供可靠且更相关信息，因此，本准则规定，金融企业等特殊行业企业等可以大体按照流动性顺序列示所有的资产和负债。

本准则规定，对于从事多种经营的企业，可以采用混合的列报基础进行列报，即对一部分资产和负债按照流动资产和非流动资产、流动负债和非流动负债列报，同时对其他资产和负债按照流动性顺序列报，但前提是能够提供可靠且更加相关的信息。

3. 列报相关的合计、总计项目

资产负债表中的资产类至少应当列示流动资产和非流动资产的合计项目；负债类至少应当列示流动负债、非流动负债以及负债的合计项目；所有者权益类应当列示所有者权益的合计项目。但是，按照企业的经济性质列报“流动资产合计”、“非流动资产合计”、“流动负债合计”、“非流动负债合计”等项目不切实可行的，则无需列报这些项目。比如，金融企业等特殊行业企业的资产和负债按照流动性顺序列报的情况。

资产负债表遵循了“资产=负债+所有者权益”这一会计恒等式，把企业在特定时日所拥有的经济资源和与之相对应的企业所承担的债务及偿债以后属于所有者的权益充分反映出来。因此，本准则规定，资产负债表应当分别列示资产总计项目和负债与所有者权益之和的总计项目，并且这二者的金额应当相等。

（二）资产的列报

资产负债表中的资产反映由过去的交易、事项形成并由企业在某一特定日期所拥有或控制的、预期会给企业带来经济利益的资源。根据本准则的规定，资产应当按照流动资产和非流动资产两大类别在资产负债表中列示，在流动资产和非流动资产类别下进一步按性质分项列示。

1. 流动资产和非流动资产的划分

本准则规定，资产满足下列条件之一的，应当归类为流动资产：

（1）预计在一个正常营业周期中变现、出售或耗用。这主要包括存货、应收账款等资产。需要指出的是，变现一般针对应收账款等而言，指将资产变为现金；出售一般针对产品等存货而言；耗用一般指将存货（如原材料）转变成另一种形态（如产成品）。

（2）主要为交易目的而持有。比如一些根据《企业会计准则第22号——金融工具确认和计量》划分的交易性金融资产。但是，并非所有交易性金融资产均为流动资产，比如自资产负债表日起超过12个月到期且预期持有超过12个月的衍生工具应当划分为非流动资产或非流动负债。

(3) 预计在资产负债表日起一年内（含一年，下同）变现。

(4) 自资产负债表日起一年内，交换其他资产或清偿负债的能力不受限制的现金或现金等价物。

本准则规定，流动资产以外的资产应当归类为非流动资产。

对于同时包含资产负债表日后一年内和一年之后预期将收回或清偿金额的资产和负债单列项目，本准则还要求企业应当披露超过一年后预期收回或清偿的金额。比如，金融企业资产负债表中的资产和负债项目按照流动性顺序列示，有些资产或负债项目中同时包含了资产负债表日后一年内和一年之后预期收回或清偿的金额，针对这些项目，企业应当在附注中披露资产负债表日后一年之后预期收回或清偿的金额。再如，房地产开发企业的正常营业周期通常长于一年，其已经开发完工和正在开发的房地产作为存货在资产负债表的流动资产部分列示，企业对于该存货还应当在附注中披露资产负债表日后一年之后预期收回的金额。

2. 正常营业周期

本准则在判断流动资产、流动负债时所指的正常营业周期，是指企业从购买用于加工的资产起至实现现金或现金等价物的期间。

正常营业周期通常短于一年，在一年内有几个营业周期。但是，因生产周期较长等导致正常营业周期长于一年的，尽管相关资产往往超过一年才变现、出售或耗用，仍应当划分为流动资产。例如，房地产开发企业开发用于出售的房地产开发产品，造船企业制造的用于出售的大型船只等，从购买原材料进入生产，到制造出产品出售并收回现金或现金等价物的过程，往往超过一年，在这种情况下，与生产循环相关的产成品、应收账款、原材料尽管超过一年才变现、出售或耗用，仍应作为流动资产列示。

当正常营业周期不能确定时，企业应当以一年（12个月）作为正常营业周期。

3. 持有待售的非流动资产的列报

对于根据企业会计准则划分为持有待售的非流动资产（比如固定资产、无形资产、长期股权投资等）的列报，本准则规定，被划分为持有待售的非流动资产应当归类为流动资产；本准则同时还规定，被划分为持有待售的非流动负债应当归类为流动负债。

持有待售的非流动资产既包括单项资产也包括处置组，处置组是指在一项交易中作为整体通过出售或其他方式一并处置的一组资产以及在该交易中转让的与这些资产直接相关的负债。因此，无论是被划分为持有待售的单项非流动资产还是处置组中的资产，都应当在资产负债表的流动资产部分单独列报；类似地，被划分为持有待售的处置组中的与转让资产相关的负债应当在资产负债表的流动负债部分单独列报。

（三）负债的列报

资产负债表中的负债反映在某一特定日期企业所承担的、预期会导致经济利益流出企业的现时义务。根据本准则的规定，负债应当按照流动负债和非流动负债在资产负债表中进行列示，在流动负债和非流动负债类别下再进一步按性质分项列示。

1. 流动负债与非流动负债的划分

流动负债的判断标准与流动资产的判断标准相类似。本准则规定，负债满足下列条件之一的，应当归类为流动负债：

（1）预计在一个正常营业周期中清偿。

（2）主要为交易目的而持有。

（3）自资产负债表日起一年内到期应予以清偿。

（4）企业无权自主地将清偿推迟至资产负债表日后一年以上。

关于可转换工具负债成分的分类，本准则还规定，负债在其对手方选择的情况下可通过发行权益进行清偿的条款与在资产负债表日负债的流动性划分无关。

【例1】 2×14年12月1日，甲公司发行面值为5 000 000元的可转换债券，每张面值1 000元，期限5年，到期前债券持有人有权随时按每张面值1 000元的债券转换50股的转股价格，将持有的债券转换为甲公司的普通股。根据这一转换条款，甲公司有可能在该批债券到期前（包括资产负债表日起12个月内）予以清偿，但甲公司在2×14年12月31日资产负债表日判断该可转换债券的负债成分为流动负债还是非流动负债时，不应考虑转股导致的清偿情况，因此，该可转换债券的负债成分在2×14年12月31日甲公司的资产负债表上仍应当分类为非流动负债（假定不考虑其他因素和情况）。

本准则规定，企业在应用流动负债的判断标准时，应当注意以下两点：（1）企业对资产和负债进行流动性分类时，应当采用相同的正常营业周期。（2）企业正常营业周期中的经营性负债项目即使在资产负债表日后超过一年才予清偿的，仍应划分为流动负债。经营性负债项目包括应付账款、应付职工薪酬等，这些项目属于企业正常营业周期中使用的营运资金的一部分。

2. 资产负债表日后事项对流动负债与非流动负债划分的影响

流动负债与非流动负债的划分是否正确，直接影响到对企业短期和长期偿债能力的判断。企业在判断流动负债与非流动负债的划分时，对于资产负债表日后事项对流动负债与非流动负债划分的影响，需要特别加以考虑。总的判断原则是，企业在资产负债表上对债务流动和非流动的划分，应当反映在资产负债表日有效的合同安排，考虑在资产负债表日起一年内企业是否必须无条件清偿，而资产负债表日之后（即使是财务报告批准报出日前）的再融资、展期或提供宽限期等行为，与资产负债表日判断负债的流动性状况无关。

（1）资产负债表日起一年内到期的负债

本准则规定，对于在资产负债表日起一年内到期的负债，企业有意图且有能力自主地将清偿义务展期至资产负债表日后一年以上的，应当归类为非流动负债；不能自主地将清偿义务展期的，即使在资产负债表日后、财务报告批准报出日前签订了重新安排清偿计划协议，该项负债在资产负债表日仍应当归类为流动负债。

【例2】甲企业于2×14年7月1日向A银行举借五年期的长期借款，则在2×18年12月31日的资产负债表上，该长期借款应当划分为流动负债。假定存在以下情况：

①假定甲企业在2×18年12月1日与A银行完成长期再融资或展期，则该借款在2×18年12月31日的资产负债表上应当划分为非流动负债。

②假定甲企业在2×19年2月1日（财务报告批准报出日为2×19年3月31日）完成长期再融资或展期，则该

借款在2×18年12月31日的资产负债表上应当划分为流动负债。

③假定甲企业与A银行的贷款协议上规定，甲企业在长期借款到期前可以自行决定是否展期，无需征得债权人同意，并且甲企业打算要展期，则该借款在2×18年12月31日的资产负债表上应当划分为非流动负债。

（2）在资产负债表日或之前企业违反长期借款协议

本准则规定，企业在资产负债表日或之前违反了长期借款协议，导致贷款人可随时要求清偿的负债，应当归类为流动负债。这是因为，在这种情况下，债务清偿的主动权并不在企业，企业只能被动地无条件归还贷款，而且该事实在资产负债表日即已存在，所以该负债应当作为流动负债列报。但是，如果贷款人在资产负债表日或之前同意提供在资产负债表日后一年以上的宽限期，在此期限内企业能够改正违约行为，且贷款人不能要求随时清偿的，在资产负债表日的此项负债并不符合流动负债的判断标准，应当归类为非流动负债。

企业的其他长期负债存在类似情况的，应当比照上述有关规定进行处理。

（四）所有者权益的列报

资产负债表中的所有者权益是企业资产扣除负债后的剩余权益。资产负债表中的所有者权益类一般按照净资产的不同来源和特定用途进行分类，本准则规定，资产负债表中的所有者权益类应当按照实收资本（或股本）、资本公积、其他综合收益、盈余公积、未分配利润等项目分项列示。

（五）一般企业资产负债表的列报格式和列报方法

1. 一般企业资产负债表的列报格式

根据本准则的规定，资产负债表采用账户式的格式，即左侧列报资产方，右侧列报负债方和所有者权益方，且资产负债表中的资产各项目的合计等于负债和所有者权益各项目的合计。

根据本准则的规定，企业需要提供比较资产负债表，以便报表使用者通过比较不同时点资产负债表的数据，掌握企业财务状况的变动情况及发展趋势。资产负债表还就各项目再分为“年初余额”和“期末余额”两栏分别填列。一般企业资产负债表的格式如表1所示。

企业如有下列情况，应当在资产负债表中调整或增设相关项目：

（1）高危行业企业如有按国家规定提取的安全生产费的，应当在资产负债表所有者权益项下“其他综合收益”项目和“盈余公积”项目之间增设“专项储备”项目，反映企业提取的安全生产费期末余额。

（2）企业如有划分为持有待售的非流动资产及划分为持有待售的处置组中的资产，应当在资产负债表资产项下“存货”项目和“一年内到期的非流动资产”项目之间增设“划分为持有待售的资产”项目，反映资产负债表日划分为持有待售的非流动资产及划分为持有待售的处置组中的资产的期末余额；如有划分为持有待售的处置组中的负债，应当在资产负债表负债项下“其他应付款”项目和“一年内到期的非流动负债”项目之间增设“划分为持有待售的负债”项目，反映资产负债表日划分为持有待售的处置组中的负债的期末余额。

表 1 **资产负债表**

会企 01 表

编制单位： ______年__月__日 单位：元

资　产	期末余额	年初余额	负债和所有者权益（或股东权益）	期末余额	年初余额
流动资产：			流动负债：		
货币资金			短期借款		
以公允价值计量且其变动计入当期损益的金融资产			以公允价值计量且其变动计入当期损益的金融负债		
应收票据			应付票据		
应收账款			应付账款		
预付款项			预收款项		
应收利息			应付职工薪酬		
应收股利			应交税费		
其他应收款			应付利息		
存货			应付股利		
一年内到期的非流动资产			其他应付款		
其他流动资产			一年内到期的非流动负债		
流动资产合计			其他流动负债		
非流动资产：			流动负债合计		
可供出售金融资产			非流动负债：		
持有至到期投资			长期借款		
长期应收款			应付债券		
长期股权投资			长期应付款		
投资性房地产			专项应付款		
固定资产			预计负债		
在建工程			递延收益		
工程物资			递延所得税负债		
固定资产清理			其他非流动负债		
生产性生物资产			非流动负债合计		
油气资产			负债合计		
无形资产			所有者权益（或股东权益）：		
开发支出			实收资本（或股本）		
商誉			资本公积		
长期待摊费用			减：库存股		
递延所得税资产			其他综合收益		
其他非流动资产			盈余公积		
非流动资产合计			未分配利润		
			所有者权益（或股东权益）合计		
资产总计			负债和所有者权益（或股东权益）总计		

（3）企业衍生金融工具业务具有重要性的，应当在资产负债表资产项下“以公允价值计量且其变动计入当期损益的金融资产”项目和“应收票据”项目之间增设“衍生金融资产”项目，在资产负债表负债项下“以公允价值计量且其变动计入当期损益的金融负债”项目和“应付票据”项目之间增设“衍生金融负债”项目，分别反映企业衍生工具形成资产和负债的期末余额。

（4）金融企业的资产负债表列报格式，应当遵循本准则的规定，并根据金融企业经营活动的性质和要求，比照上述一般企业的资产负债表列报格式进行相应调整。

2. 一般企业资产负债表的列报方法

企业应当根据资产、负债和所有者权益类科目的期末余额填列资产负债表“期末余额”栏，具体包括如下情况：

（1）根据总账科目的余额填列。“以公允价值计量且其变动计入当期损益的金融资产”、“工程物资”、“固定资产清理”、“递延所得税资产”、“短期借款”、“以公允价值计量且其变动计入当期损益的金融负债”、“应付票据”、“应交税费”、“应付利息”、“应付股利”、“其他应付款”、“专项应付款”、“预计负债”、“递延收益”、“递延所得税负债”、“实收资本（或股本）”、“库存股”、“资本公积”、“其他综合收益”、“专项储备”、“盈余公积”等项目，应根据有关总账科目的余额填列。

有些项目则应根据几个总账科目的余额计算填列，如“货币资金”项目，需根据“库存现金”、“银行存款”、“其他货币资金”三个总账科目余额的合计数填列；“其他流动资产”、“其他流动负债”项目，应根据有关科目的期末余额分析填列。

其中，有其他综合收益相关业务的企业，应当设置“其他综合收益”科目进行会计处理，该科目应当按照其他综合收益项目的具体内容设置明细科目。企业在对其他综合收益进行会计处理时，应当通过“其他综合收益”科目处理，并与“资本公积”科目相区分。

（2）根据明细账科目的余额计算填列。“开发支出”项目，应根据“研发支出”科目中所属的“资本化支出”明细科目期末余额填列；“应付账款”项目，应根据“应付账款”和“预付账款”科目所属的相关明细科目的期末贷方余额合计数填列；“一年内到期的非流动资产”、“一年内到期的非流动负债”项目，应根据有关非流动资产或负债项目的明细科目余额分析填列；“应付职工薪酬”项目，应根据“应付职工薪酬”科目的明细科目期末余额分析填列；“长期借款”、“应付债券”项目，应分别根据“长期借款”、“应付债券”科目的明细科目余额分析填列；“未分配利润”项目，应根据“利润分配”科目中所属的“未分配利润”明细科目期末余额填列。

（3）根据总账科目和明细账科目的余额分析计算填列。“长期借款”项目，应根据“长期借款”总账科目余额扣除“长期借款”科目所属的明细科目中将在资产负债表日起一年内到期、且企业不能自主地将清偿义务展期的长期借款后的金额计算填列；“长期待摊费用”项目，应根据“长期待摊费用”科目的期末余额减去将于一年内（含一年）摊销的数额后的金额填列；“其他非流动资产”项目，应根据有关科目的期末余额减去将于一年内（含一年）收回数后的金额填列；“其他非流动负债”项目，应根据有关科目的期末余额减去将于一年内（含一年）到期偿还数后的金额填列。

（4）根据有关科目余额减去其备抵科目余额后的净额填列。“可供出售金融资产”、“持有至到期投资”、“长期股权投资”、“在建工程”、“商誉”项目，应根据相关科目的期末余额填列，已计提减值准备的，还应扣减相应的减值准备；“固定资产”、“无形资产”、“投资性房地产”、“生产性生物资产”、“油气资产”项目，应根据相关科目的期末余额扣减相关的累计折旧（或摊销、折耗）填列，已计提减值准备的，还应扣减相应的减值准备，采用公允价值计量的上述资产，应根据相关科目的期末余额填列；“长期应收款”项目，应根据“长期应收款”科目的期末余额，减去相应的“未实现融资费用”科目和“坏账准备”科目所属相关明细科目期末余额后的金额填列；“长期应付款”项目，应根据“长期应付款”科目的期末余额，减去相应的“未确认融资费用”科目期末余额后的金额填列。

（5）综合运用上述填列方法分析填列。主要包括：“应收票据”、“应收利息”、“应收股利”、“其他应收款”项目，应根据相关科目的期末余额，减去“坏账准备”科目中有关坏账准备期末余额后的金额填列；“应收账款”项目，应根据“应收账款”和“预收账款”科目所属各明细科目的期末借方余额合计数，减去“坏账准备”科目中有关应收账款计提的坏账准备期末余额后的金额填列；“预付款项”项目，应根据“预付账款”和“应付账款”科目所属各明细科目的期末借方余额合计数，减去“坏账准备”科目中有关预付款项计提的坏账准备期末余额后的金额填列；“存货”项目，应根据“材料采购”、“原材料”、“发出商品”、“库存商品”、“周转材料”、“委托加工物资”、“生产成本”、“受托代销商品”等科目的期末余额合计，减去“受托代销商品款”、“存货跌价准备”科目期末余额后的金额填列，材料采用计划成本核算，以及库存商品采用计划成本核算或售价核算的企业，还应按加或减材料成本差异、商品进销差价后的金额填列；“划分为持有待售的资产”、“划分为持有待售的负债”项目，应根据相关科目的期末余额分析填列等。

企业应当根据上年末资产负债表“期末余额”栏有关项目填列本年度资产负债表“年初余额”栏。如果企业发生了会计政策变更、前期差错更正，应当对“年初余额”栏中的有关项目进行相应调整；如果企业上年度资产负债表规定的项目名称和内容与本年度不一致，应当对上年年末资产负债表相关项目的名称和金额按照本年度的规定进行调整，填入“年初余额”栏。

【例3】甲公司2×14年12月31日的资产负债表（年初余额略）及2×15年12月31日的科目余额表分别如表2和表3所示。假定甲公司适用的所得税税率为25%，不考虑其他因素。

表2 **资产负债表**

会企01表

编制单位：甲公司 2×14年12月31日 单位：元

资产	期末余额	年初余额	负债和所有者权益（或股东权益）	期末余额	年初余额
流动资产：			流动负债：		
货币资金	1 161 300		短期借款	302 500	
以公允价值计量且其变动计入当期损益的金融资产	15 000		以公允价值计量且其变动计入当期损益的金融负债	0	
应收票据	246 000		应付票据	200 000	
应收账款	299 100		应付账款	953 800	
预付款项	100 000		预收款项	0	
应收利息	0		应付职工薪酬	110 000	
应收股利	0		应交税费	36 600	
其他应收款	5 000		应付利息	1 000	
存货	2 580 000		应付股利	0	
一年内到期的非流动资产	0		其他应付款	50 000	
其他流动资产	100 000		一年内到期的非流动负债	1 000 000	
流动资产合计	4 506 400		其他流动负债	0	
非流动资产：			流动负债合计	2 653 900	
可供出售金融资产	55 000		非流动负债：		
持有至到期投资	200 000		长期借款	600 000	
长期应收款	0		应付债券	0	
长期股权投资	424 000		长期应付款	0	
投资性房地产	0		专项应付款	0	
固定资产	1 100 000		预计负债	0	
在建工程	1 500 000		递延收益	0	
工程物资	0		递延所得税负债	2 500	
固定资产清理	0		其他非流动负债	0	
生产性生物资产	0		非流动负债合计	602 500	
油气资产	0		负债合计	3 256 400	
无形资产	600 000		所有者权益（或股东权益）：		
开发支出	0		实收资本（或股本）	5 000 000	
商誉	0		资本公积	0	
长期待摊费用	0		减：库存股	0	
递延所得税资产	0		其他综合收益	31 500	
其他非流动资产	202 500		盈余公积	100 000	
非流动资产合计	40 815 000		未分配利润	200 000	
			所有者权益（或股东权益）合计	5 331 500	
资产总计	8 587 900		负债和所有者权益（或股东权益）总计	8 587 900	

表3 **科目余额表**

单位：元

科目名称	借方余额	科目名称	贷方余额
库存现金	2 000	短期借款	105 150
银行存款	529 831	应付票据	100 000
其他货币资金	7 300	应付账款	953 800
交易性金融资产	0	其他应付款	50 000
应收票据	66 000	应付职工薪酬	180 000
应收账款	600 000	应交税费	226 731
坏账准备	-1 800	应付利息	0
预付账款	100 000	应付股利	20 026. 25
其他应收款	5 000	递延所得税负债	0
材料采购	275 000	长期借款	1 160 000
原材料	45 000	股本	5 000 000
周转材料	38 050	资本公积	0
库存商品	2 122 400	其他综合收益	64 500
材料成本差异	4 250	盈余公积	136 960
其他流动资产	100 000	利润分配（未分配利润）	512 613. 75
可供出售金融资产	286 000		
持有至到期投资	0		
长期股权投资	652 000		
固定资产	2 401 000		
累计折旧	-170 000		
固定资产减值准备	-30 000		
工程物资	300 000		
在建工程	428 000		
无形资产	600 000		
累计摊销	-60 000		
递延所得税资产	9 750		
其他长期资产	200 000		
合计	8 509 781	合计	8 509 781

根据上述资料，编制甲公司2×15年12月31日的资产负债表，如表4所示。

表4 **资产负债表**

会企01表

编制单位：甲公司　　2×15年12月31日　　单位：元

资　产	期末余额	年初余额	负债和所有者权益（或股东权益）	期末余额	年初余额
流动资产：			流动负债：		
货币资金	539 131	1 161 300	短期借款	105 150	302 500
以公允价值计量且其变动计入当期损益的金融资产	0	15 000	以公允价值计量且其变动计入当期损益的金融负债	0	0
应收票据	66 000	246 000	应付票据	100 000	200 000
应收账款	598 200	299 100	应付账款	953 800	953 800
预付款项	100 000	100 000	预收款项	0	0
应收利息	0	0	应付职工薪酬	180 000	110 000
应收股利	0	0	应交税费	226 731	36 600
其他应收款	5 000	5 000	应付利息	0	1 000
存货	2 484 700	2 580 000	应付股利	20 026.25	0
一年内到期的非流动资产	0	0	其他应付款	50 000	50 000
其他流动资产	100 000	100 000	一年内到期的非流动负债	0	1 000 000
流动资产合计	3 893 031	4 506 400	其他流动负债	0	0
非流动资产：			流动负债合计	1 635 707.25	2 653 900
可供出售金融资产	286 000	55 000	非流动负债：		
持有至到期投资	0	200 000	长期借款	1 160 000	600 000
长期应收款	0	0	应付债券	0	0
长期股权投资	652 000	424 000	长期应付款	0	0
投资性房地产	0	0	专项应付款	0	0
固定资产	2 201 000	1 100 000	预计负债	0	0
在建工程	428 000	1 500 000	递延收益	0	0
工程物资	300 000	0	递延所得税负债	0	2 500
固定资产清理	0	0	其他非流动负债	0	0
生产性生物资产	0	0	非流动负债合计	1 160 000	602 500
油气资产	0	0	负债合计	2 795 707.25	3 256 400
无形资产	540 000	600 000	所有者权益（或股东权益）：		
开发支出	0	0	实收资本（或股本）	5 000 000	5 000 000
商誉	0	0	资本公积	0	0
长期待摊费用	0	0	减：库存股	0	0
递延所得税资产	9 750	0	其他综合收益	64 500	31 500
其他非流动资产	200 000	202 500	盈余公积	136 960	100 000
非流动资产合计	4 616 750	4 081 500	未分配利润	512 613.75	200 000
			所有者权益（或股东权益）合计	5 714 073.75	5 331 500
资产总计	8 509 781	8 587 900	负债和所有者权益（或股东权益）总计	8 509 781	8 587 900

五、关于利润表

利润表是反映企业在一定会计期间的经营成果的会计报表，反映了企业经营业绩的主要来源和构成。

（一）利润表列报的总体要求

本准则规定，企业在利润表中应当对费用按照功能分类，分为从事经营业务发生的成本、管理费用、销售费用和财务费用等。企业的活动通常可以划分为生产、销售、管理、融资等，每一种活动上发生的费用所发挥的功能并不相同，因此，按照费用功能法将其分开列报，有助于使用者了解费用发生的活动领域。

但是，由于银行、保险、证券等金融企业的日常活动与一般企业不同，具有特殊性，本准则规定，金融企业可以根据其特殊性列示利润表项目。例如，商业银行将利息支出作为利息收入的抵减项目、将手续费及佣金支出作为手续费及佣金收入的抵减项目列示等。

与此同时，本准则还规定，企业应当在附注中披露费用按照性质分类的利润表补充资料，可将费用分为耗用的原材料、职工薪酬费用、折旧费用、摊销费用等，以有助于报表使用者预测企业的未来现金流量。

（二）综合收益的列报

综合收益，是指企业在某一期间除与所有者以其所有者身份进行的交易之外的其他交易或事项所引起的所有者权益变动。综合收益总额项目反映净利润和其他综合收益扣除所得税影响后的净额相加后的合计金额。其他综合收益，是指企业根据其他会计准则规定未在当期损益中确认的各项利得和损失。

本准则规定，企业应当以扣除相关所得税影响后的净额在利润表上单独列示各项其他综合收益项目，并且其他综合收益项目应当根据其他相关会计准则的规定分为下列两类列报：

1. 以后会计期间不能重分类进损益的其他综合收益项目，主要包括：

（1）重新计量设定受益计划净负债或净资产导致的变动。根据《企业会计准则第 9 号——职工薪酬》，有设定受益计划形式离职后福利的企业应当将重新计量设定受益计划净负债或净资产导致的变动计入其他综合收益，并且在后续会计期间不允许转回至损益。

（2）按照权益法核算的在被投资单位不能重分类进损益的其他综合收益变动中所享有的份额。根据《企业会计准则第 2 号——长期股权投资》，投资方取得长期股权投资后，应当按照应享有或应分担的被投资单位其他综合收益的份额，确认其他综合收益，同时调整长期股权投资的账面价值。投资单位在确定应享有或应分担的被投资单位其他综合收益的份额时，该份额的性质取决于被投资单位的其他综合收益的性质，即如果被投资单位的其他综合收益属于“以后会计期间不能重分类进损益”类别，则投资方确认的份额也属于“以后会计期间不能重分类进损益”类别。

2. 以后会计期间在满足规定条件时将重分类进损益的其他综合收益项目，主要包括：

（1）按照权益法核算的在被投资单位可重分类进损益的其他综合收益变动中所享有的份额。根据《企业会计准则第2号——长期股权投资》，投资方取得长期股权投资后，应当按照应享有或应分担的被投资单位其他综合收益的份额，确认其他综合收益，同时调整长期股权投资的账面价值。如果被投资单位的其他综合收益属于“以后会计期间在满足规定条件时将重分类进损益”类别，则投资方确认的份额也属于“以后会计期间在满足规定条件时将重分类进损益”类别。

（2）可供出售金融资产公允价值变动形成的利得或损失、持有至到期投资重分类为可供出售金融资产形成的利得或损失。根据《企业会计准则第22号——金融工具确认和计量》，可供出售金融资产公允价值变动形成的利得或损失，除减值损失和外币货币性金融资产形成的汇兑差额外，应当直接计入所有者权益（其他综合收益），在该金融资产终止确认时转出，计入当期损益；根据金融工具确认和计量准则规定将持有至到期投资重分类为可供出售金融资产的，在重分类日，该投资的账面价值与其公允价值之间的差额计入所有者权益（其他综合收益），在该可供出售金融资产发生减值或终止确认时转出，计入当期损益。

（3）现金流量套期工具产生的利得或损失中属于有效套期的部分。根据《企业会计准则第24号——套期保值》，现金流量套期利得或损失中属于有效套期的部分，应当直接确认为所有者权益（其他综合收益）；属于无效套期的部分，应当计入当期损益。对于前者，套期保值准则规定在一定的条件下，将原直接计入所有者权益中的套期工具利得或损失转出，计入当期损益。

（4）外币财务报表折算差额。根据《企业会计准则第19号——外币折算》，企业对境外经营的财务报表进行折算时，应当将外币财务报表折算差额在资产负债表中所有者权益项目下单独列示（其他综合收益）；企业在处置境外经营时，应当将资产负债表中所有者权益项目下列示的、与该境外经营相关的外币报表折算差额，自所有者权益项目转入处置当期损益，部分处置境外经营的，应当按处置的比例计算处置部分的外币财务报表折算差额，转入处置当期损益。

（5）根据相关会计准则规定的其他项目。比如根据《企业会计准则第3号——投资性房地产》，自用房地产或作为存货的房地产转换为以公允价值模式计量的投资性房地产在转换日公允价值大于账面价值部分计入其他综合收益；待该投资性房地产处置时，将该部分转入当期损益等。

（三）一般企业利润表的列报格式和列报方法

1. 一般企业利润表的列报格式

根据本准则的规定，利润表采用多步式的格式，即通过对当期的收入、费用、支出项目按性质加以归类，按利润形成的主要环节列示一些中间性利润指标，便于使用者理解企业经营成果的不同来源。

根据本准则的规定，企业需要提供比较利润表，以使报表使用者通过比较不同期间利润表的数据，判断企业经营成果的未来发展趋势。利润表还就各项目再分为“本期金额”和“上期金额”两栏分别填列。一般企业利润表的格式如表5所示：

表5 **利润表**

会企02表

编制单位： ______年__月 单位：元

项目	本期金额	上期金额
一、营业收入		
减：营业成本		
营业税金及附加		
销售费用		
管理费用		
财务费用		
资产减值损失		
加：公允价值变动收益（损失以“－”号填列）		
投资收益（损失以“－”号填列）		
其中：对联营企业和合营企业的投资收益		
二、营业利润（亏损以“－”号填列）		
加：营业外收入		
其中：非流动资产处置利得		
减：营业外支出		
其中：非流动资产处置损失		
三、利润总额（亏损总额以“－”号填列）		
减：所得税费用		
四、净利润（净亏损以“－”号填列）		
五、其他综合收益的税后净额		
（一）以后不能重分类进损益的其他综合收益		
1. 重新计量设定受益计划净负债或净资产的变动		
2. 权益法下在被投资单位不能重分类进损益的其他综合收益中享有的份额		
……		
（二）以后将重分类进损益的其他综合收益		
1. 权益法下在被投资单位以后将重分类进损益的其他综合收益中享有的份额		
2. 可供出售金融资产公允价值变动损益		
3. 持有至到期投资重分类为可供出售金融资产损益		
4. 现金流量套期损益的有效部分		
5. 外币财务报表折算差额		
……		
六、综合收益总额		
七、每股收益		
（一）基本每股收益		
（二）稀释每股收益		

企业如有下列情况，应当在利润表中调整或增设相关项目：

（1）企业应当根据自身相关的其他综合收益业务，按照其他综合收益项目以后是否能重分类进损益区分为两类，相应在利润表“（一）以后不能重分类进损益的其他综合收益”项下或“（二）以后将重分类进损益的其他综合收益”项下调整或增设有关其他综合收益项目。

（2）金融企业的利润表列报格式，应当遵循本准则的规定，并根据金融企业经营活动的性质和要求，比照上述一般企业的利润表列报格式进行相应调整。

2. 一般企业利润表的列报方法

企业应当根据损益类科目和所有者权益类有关科目的发生额填列利润表“本年金额”栏，具体包括如下情况：

（1）“营业收入”、“营业成本”、“营业税金及附加”、“销售费用”、“管理费用”、“财务费用”、“资产减值损失”、“公允价值变动收益”、“投资收益”、“营业外收入”、“营业外支出”、“所得税费用”等项目，应根据有关损益类科目的发生额分析填列。

（2）“其中：对联营企业和合营企业的投资收益”、“其中：非流动资产处置利得”、“其中：非流动资产处置损失”等项目，应根据“投资收益”、“营业外收入”、“营业外支出”等科目所属的相关明细科目的发生额分析填列。

（3）“其他综合收益的税后净额”项目及其各组成部分，应根据“其他综合收益”科目及其所属明细科目的本期发生额分析填列。

（4）“营业利润”、“利润总额”、“净利润”、“综合收益总额”项目，应根据本表中相关项目计算填列。

（5）普通股或潜在普通股已公开交易的企业，以及正处于公开发行普通股或潜在普通股过程中的企业，还应当在利润表中列示每股收益信息，并在附注中详细披露计算过程，以供投资者投资决策参考。基本每股收益和稀释每股收益项目应当按照《企业会计准则第34号——每股收益》的规定计算填列。

企业应当根据上年同期利润表“本期金额”栏内所列数字填列本年度利润表的“上期金额”栏。如果企业上年该期利润表规定的项目的名称和内容与本期不一致，应当对上年该期利润表相关项目的名称和金额按照本期的规定进行调整，填入“上期金额”栏。

【例4】沿用【例3】的资料，甲公司2×15年度有关损益类科目和“其他综合收益”明细科目的本年累计发生净额分别如表6和表7所示。

表6　　甲公司损益类科目2×15年度累计发生净额

单位：元

科目名称	借方发生额	贷方发生额
主营业务收入		1 250 000
主营业务成本	750 000	
营业税金及附加	2 000	
销售费用	20 000	
管理费用	157 100	
财务费用	41 500	
资产减值损失	30 900	
投资收益		227 500
营业外收入		50 000
营业外支出	19 700	
所得税费用	136 700	

表7　甲公司"其他综合收益"明细科目2×15年度累计发生净额

单位：元

明细科目名称	借方发生额	贷方发生额
权益法下在被投资单位以后将重分类进损益的其他综合收益中享有的份额		36 000
可供出售金融资产公允价值变动		3 750
持有至到期投资重分类为可供出售金融资产	6 750	
合计	6 750	39 750

根据上述资料，编制甲公司2×15年度利润表，如表8所示。

表8　　利润表

会企02表

编制单位：甲公司　　2×15年度　　单位：元

项 目	本期金额	上期金额（略）
一、营业收入	1 250 000	
减：营业成本	750 000	
营业税金及附加	2 000	
销售费用	20 000	
管理费用	157 100	
财务费用	41 500	
资产减值损失	30 900	
加：公允价值变动收益（损失以"－"号填列）	0	
投资收益（损失以"－"号填列）	227 500	
其中：对联营企业和合营企业的投资收益	（略）	
二、营业利润（亏损以"－"号填列）	476 000	
加：营业外收入	50 000	
其中：非流动资产处置利得	（略）	
减：营业外支出	19 700	
其中：非流动资产处置损失	（略）	
三、利润总额（亏损总额以"－"号填列）	506 300	

续表

项目	本期金额	上期金额（略）
减：所得税费用	136 700	
四、净利润（净亏损以"－"号填列）	369 600	
五、其他综合收益的税后净额	33 000	
（一）以后不能重分类进损益的其他综合收益	0	
（二）以后将重分类进损益的其他综合收益	33 000	
1. 权益法下在被投资单位以后将重分类进损益的其他综合收益中享有的份额	36 000	
2. 可供出售金融资产公允价值变动损益	3 750	
3. 持有至到期投资重分类为可供出售金融资产损益	－6 750	
六、综合收益总额	402 600	
七、每股收益		
（一）基本每股收益	（略）	
（二）稀释每股收益	（略）	

六、关于所有者权益变动表

所有者权益变动表是反映构成所有者权益的各组成部分当期的增减变动情况的报表。所有者权益变动表应当全面反映一定时期所有者权益变动的情况，不仅包括所有者权益总量的增减变动，还包括所有者权益增减变动的重要结构性信息，有助于报表使用者理解所有者权益增减变动的根源。

（一）所有者权益变动表列报的总体要求

根据基本准则的规定，所有者权益是指企业资产扣除负债后由所有者享有的剩余权益。所有者权益的来源包括所有者投入的资本（包括实收资本和资本溢价等资本公积）、其他综合收益、留存收益（包括盈余公积和未分配利润）等。本准则规定，所有者权益变动表应当反映构成所有者权益的各组成部分当期的增减变动情况。综合收益和与所有者（或股东）的资本交易导致的所有者权益的变动，应当分别列示。与所有者的资本交易，是指与所有者以其所有者身份进行的、导致企业所有者权益变动的交易。

（二）一般企业所有者权益变动表的列报格式和列报方法

1. 一般企业所有者权益变动表的列报格式

根据本准则的规定，企业应当反映所有者权益各组成部分的期初和期末余额及其调节情况。因此，企业应当以矩阵的形式列示所有者权益变动表：一方面，列示导致所有者权益变动的交易或事项，按所有者权益变动的来源对一定时期所有者权益变动情况进行全面反映；另一方面，按照所有者权益各组成部分（包括实收资本、资本公积、其他综合收益、盈余公积、未分配利润、库存股等）及其总额列示相关交易或事项对所有者权益的影响。

根据本准则的规定，企业需要提供比较所有者权益变动表，所有者权益变动表还就各项目再分为“本年金额”和“上年金额”两栏分别填列。一般企业所有者权益变动表的格式如表9所示：

表 9

所有者权益变动表

会企 04 表

编制单位：　　　　　　　　　　____年度　　　　　　　　　　单位：元

项目	本年金额							上年金额						
	实收资本（或股本）	资本公积	减：库存股	其他综合收益	盈余公积	未分配利润	所有者权益合计	实收资本（或股本）	资本公积	减：库存股	其他综合收益	盈余公积	未分配利润	所有者权益合计
一、上年年末余额														
加：会计政策变更														
前期差错更正														
二、本年年初余额														
三、本年增减变动金额（减少以“－”号填列）														
（一）综合收益总额														
（二）所有者投入和减少资本														
1. 所有者投入资本														
2. 股份支付计入所有者权益的金额														
3. 其他														
（三）利润分配														
1. 提取盈余公积														
2. 对所有者（或股东）的分配														
3. 其他														
（四）所有者权益内部结转														
1. 资本公积转增资本（或股本）														
2. 盈余公积转增资本（或股本）														
3. 盈余公积弥补亏损														
4. 其他														
四、本年年末余额														

企业如有下列情况，应当在所有者权益变动表中调整或增设相关项目：

（1）高危行业企业如有按国家规定提取的安全生产费的，应当在“未分配利润”栏和“所有者权益合计”栏之间增设“专项储备”栏。

（2）金融企业的所有者权益变动表列报格式，应当遵循本准则的规定，并根据金融企业经营活动的性质和要求，比照上述一般企业的所有者权益变动表列报格式进行相应调整。

2. 一般企业所有者权益变动表的列报方法

企业应当根据所有者权益类科目和损益类有关科目的发生额分析填列所有者权益变动表“本年金额”栏，具体包括如下情况：

（1）“上年年末余额”项目，应根据上年资产负债表中“实收资本（或股本）”、“资本公积”、“其他综合收益”、“盈余公积”、“未分配利润”等项目的年末余额填列。

（2）“会计政策变更”和“前期差错更正”项目，应根据“盈余公积”、“利润分配”、“以前年度损益调整”等科目的发生额分析填列，并在“上年年末余额”的基础上调整得出“本年年初金额”项目。

（3）“本年增减变动额”项目分别反映如下内容：

①“综合收益总额”项目，反映企业当年的综合收益总额，应根据当年利润表中“其他综合收益的税后净额”和“净利润”项目填列，并对应列在“其他综合收益”和“未分配利润”栏。

②“所有者投入和减少资本”项目，反映企业当年所有者投入的资本和减少的资本，其中：

“所有者投入资本”项目，反映企业接受投资者投入形成的实收资本（或股本）和资本公积，应根据“实收资本”、“资本公积”等科目的发生额分析填列，并对应列在“实收资本”和“资本公积”栏。

“股份支付计入所有者权益的金额”项目，反映企业处于等待期中的权益结算的股份支付当年计入资本公积的金额，应根据“资本公积”科目所属的“其他资本公积”二级科目的发生额分析填列，并对应列在“资本公积”栏。

③“利润分配”下各项目，反映当年对所有者（或股东）分配的利润（或股利）金额和按照规定提取的盈余公积金额，并对应列在“未分配利润”和“盈余公积”栏。其中：

“提取盈余公积”项目，反映企业按照规定提取的盈余公积，应根据“盈余公积”、“利润分配”科目的发生额分析填列。

“对所有者（或股东）的分配”项目，反映对所有者（或股东）分配的利润（或股利）金额，应根据“利润分配”科目的发生额分析填列。

④“所有者权益内部结转”下各项目，反映不影响当年所有者权益总额的所有者权益各组成部分之间当年的增减变动，包括资本公积转增资本（或股本）、盈余公积转增资本（或股本）、盈余公积弥补亏损等。其中：

“资本公积转增资本（或股本）”项目，反映企业以资本公积转增资本或股本的金额，应根据“实收资本”、“资本公积”等科目的发生额分析填列。

“盈余公积转增资本（或股本）”项目，反映企业以盈余公积转增资本或股本的金额，应根据“实收资本”、“盈余公积”等科目的发生额分析填列。

“盈余公积弥补亏损”项目，反映企业以盈余公积弥补亏损的金额，应根据“盈余公积”、“利润分配”等科目的发生额分析填列。

企业应当根据上年度所有者权益变动表“本年金额”栏内所列数字填列本年度“上年金额”栏内各项数字。如果上年度所有者权益变动表规定的项目的名称和内容同本年度不一致，应对上年度所有者权益变动表相关项目的名称和金额按本年度的规定进行调整，填入所有者权益变动表“上年金额”栏内。

【例5】沿用【例3】和【例4】的资料，甲公司2×15年度的其他相关资料为：提取盈余公积36 960元，宣告向投资者分配现金股利20 026.25元。

根据上述资料，甲公司编制2×15年度的所有者权益变动表，如表10所示。

七、关于附注

本准则规定，附注是对在资产负债表、利润表、现金流量表和所有者权益变动表等报表中列示项目的文字描述或明细资料，以及对未能在这些报表中列示项目的说明等。本准则对附注的披露要求是对企业附注披露的最低要求，应当适用于所有类型的企业，企业还应当按照各项会计准则的规定在附注中披露相关信息。

（一）附注披露的总体要求

本准则规定，附注相关信息应当与资产负债表、利润表、现金流量表和所有者权益变动表等报表中列示的项目相互参照，以有助于使用者联系相关联的信息，并由此从整体上更好地理解财务报表。

表 10

所有者权益变动表

会企 04 表

编制单位：甲公司　　　　2×15 年度　　　　单位:元

项目	本年金额							上年金额(略)						
	实收资本（或股本）	资本公积	减：库存股	其他综合收益	盈余公积	未分配利润	所有者权益合计	实收资本（或股本）	资本公积	减：库存股	其他综合收益	盈余公积	未分配利润	所有者权益合计
一、上年年末余额	5 000 000	0	0	31 500	100 000	200 000	5 331 500							
加:会计政策变更														
前期差错更正														
二、本年年初余额														
三、本年增减变动金额（减少以“－”号填列）														
（一）综合收益总额				33 000		369 600	402 600							
（二）所有者投入和减少资本														
1. 所有者投入资本														
2. 股份支付计入所有者权益的金额														
3. 其他														
（三）利润分配														
1. 提取盈余公积					36 960	－36 960	0							
2. 对所有者（或股东）的分配						－20 026. 25	－20 026. 25							
3. 其他														
（四）所有者权益内部结转														
1. 资本公积转增资本（或股本）														
2. 盈余公积转增资本（或股本）														
3. 盈余公积弥补亏损														
4. 其他														
四、本年年末余额	5 000 000	0	0	64 500	136 960	512 613. 75	5 714 073. 75							

企业在披露附注信息时，应当以定量、定性信息相结合，按照一定的结构对附注信息进行系统合理的排列和分类，以便于使用者理解和掌握。

（二）附注披露的主要内容

本准则规定，附注一般应当按照下列顺序至少披露有关内容，具体包括：

1. 企业的基本情况

（1）企业注册地、组织形式和总部地址。

（2）企业的业务性质和主要经营活动。如企业所处的行业、所提供的主要产品或服务、客户的性质、销售策略、监管环境的性质等。

（3）母公司以及集团最终母公司的名称。

（4）财务报告的批准报出者和财务报告批准报出日。如果企业已在财务报表其他部分披露了财务报告的批准报出者和批准报出日信息，则无需重复披露；或者已有相关人员签字批准报出财务报告，可以其签名及其签字日期为准。

（5）营业期限有限的企业，还应当披露有关其营业期限的信息。

2. 财务报表的编制基础

企业应当根据本准则的规定判断企业是否持续经营，并披露财务报表是否以持续经营为基础编制。

3. 遵循企业会计准则的声明

本准则规定，企业应当声明编制的财务报表符合企业会计准则的要求，真实、完整地反映了企业的财务状况、经营成果和现金流量等有关信息，以此明确企业编制财务报表所依据的制度基础。如果企业编制的财务报表只是部分地遵循了企业会计准则，附注中不得做出这种表述。

4. 重要会计政策和会计估计

（1）重要会计政策的说明。本准则规定，企业应当披露采用的重要会计政策，并结合企业的具体实际披露其重要会计政策的确定依据和财务报表项目的计量基础。其中，会计政策的确定依据主要是指企业在运用会计政策过程中所做的重要判断，这些判断对在报表中确认的项目金额具有重要影响。比如，企业如何判断持有的金融资产是持有至到期的投资而不是交易性投资，企业如何判断与租赁资产相关的所有风险和报酬已转移给企业从而符合融资租赁的标准，投资性房地产的判断标准是什么等。财务报表项目的计量基础包括历史成本、重置成本、可变现净值、现值和公允价值等会计计量属性，比如存货是按成本还是按可变现净值计量的等。

（2）重要会计估计的说明。本准则规定，企业应当披露重要会计估计，并结合企业的具体实际披露其会计估计所采用的关键假设和不确定因素。

重要会计估计的说明，包括可能导致下一个会计期间内资产、负债账面价值重大调整的会计估计的确定依据等。例如，固定资产可收回金额的计算需要根据其公允价值减去处置费用后的净额与预计未来现金流量的现值两者之间的较高者确定，在计算资产预计未来现金流量的现值时需要对未来现金流量进行预测，并选择适当的折现率，企业应当在附注中披露未来现金流量预测所采用的假设及其依据、所选择的折现率为什么是合理的等。又如，对于正在进行中的诉讼提取准备，企业应当披露最佳估计数的确定依据等。

5. 会计政策和会计估计变更以及差错更正的说明

本准则规定，企业应当按照《企业会计准则第28号——会计政策、会计估计变更和差错更正》的规定，披露会计政策和会计估计变更以及差错更正的情况。

6. 报表重要项目的说明

本准则规定，企业应当按照资产负债表、利润表、现金流量表、所有者权益变动表及其项目列示的顺序，采用文字和数字描述相结合的方式披露报表重要项目的说明。报表重要项目的明细金额合计，应当与报表项目金额相衔接。

本准则规定，企业还应当在附注中披露如下信息：

（1）费用按照性质分类的利润表补充资料，可将费用分为耗用的原材料、职工薪酬费用、折旧费用、摊销费用等。具体的披露格式如表11所示。

表11　　费用按照性质分类的补充资料

项 目	本期金额	上期金额
耗用的原材料		
产成品及在产品存货变动		
职工薪酬费用		
折旧费和摊销费用		
非流动资产减值损失		
支付的租金		
财务费用		
其他费用		
……		
合计		

（2）关于其他综合收益各项目的信息，包括：①其他综合收益各项目及其所得税影响；②其他综合收益各项目原计入其他综合收益、当期转出计入当期损益的金额；

③其他综合收益各项目的期初和期末余额及其调节情况。

上述①和②的具体披露格式如表12所示，③的具体披露格式如表13所示。

表12 其他综合收益各项目及其所得税影响和转入损益情况

项目	本期发生额			上期发生额		
	税前金额	所得税	税后净额	税前金额	所得税	税后净额
一、以后不能重分类进损益的其他综合收益						
1. 重新计量设定受益计划净负债或净资产的变动						
2. 权益法下在被投资单位不能重分类进损益的其他综合收益中享有的份额						
……						
二、以后将重分类进损益的其他综合收益						
1. 权益法下在被投资单位以后将重分类进损益的其他综合收益中享有的份额						
减：前期计入其他综合收益当期转入损益						
小计						
2. 可供出售金融资产公允价值变动损益						
减：前期计入其他综合收益当期转入损益						
小计						
3. 持有至到期投资重分类为可供出售金融资产损益						
减：前期计入其他综合收益当期转入损益						
小计						
4. 现金流量套期损益的有效部分						
减：前期计入其他综合收益当期转入损益						
转为被套期项目初始确认金额的调整额						
小计						
5. 外币财务报表折算差额						
减：前期计入其他综合收益当期转入损益						
小计						
……						
三、其他综合收益合计						

表13

其他综合收益各项目的调节情况

项目	重新计量设定受益计划净负债或净资产的变动	权益法下在被投资单位不能重分类进损益的其他综合收益中享有的份额	权益法下在被投资单位以后将重分类进损益的其他综合收益中享有的份额	可供出售金融资产公允价值变动损益	持有至到期投资重分类为可供出售金融资产损益	现金流量套期损益的有效部分	外币财务报表折算差额	……	其他综合收益合计
一、上年年初余额									
二、上年增减变动金额（减少以"－"号填列）									
三、本年年初余额									
四、本年增减变动金额（减少以"－"号填列）									
五、本年年末余额									

【例6】 沿用【例3】、【例4】和【例5】的资料，甲公司2×15年度与其他综合收益相关的业务如下（假定不考虑交易费用及其他相关因素）：

①2×15年2月1日，甲公司将持有的A公司股票全部售出，售价为每股5元；该股票共1万股，系甲公司于2×14年8月1日购入，当时的市价为每股4.5元，初始确认时划分为可供出售金融资产，2×14年12月31日的市价为每股5.5元。

②2×15年7月1日，甲公司从二级市场购入1万股B公司股票，每股市价10元，初始确认时，该股票划分为可供出售金融资产；2×15年12月31日，甲公司仍持有该股票，当时的市价为每股11.5元。

③2×15年9月1日，甲公司出于流动性考虑，将所持有C公司债券的10%出售；该批债券系甲公司于2×14年7月1日从二级市场平价购入，面值200 000元，剩余期限3年，划分为持有至到期投资。2×15年9月1日甲公司出售该债券时，该债券的整体公允价值和摊余成本分别为190 000元和200 000元。

④甲公司持有乙公司30%的股份，能够对乙公司施加重大影响。2×14年度和2×15年度，乙公司因持有的可供出售金融资产公允价值变动计入其他综合收益的金额分别为80 000元和120 000元。假定甲公司与乙公司适用的会计政策、会计期间相同，投资时乙公司有关资产、负债的公允价值与其账面价值相同，双方在当期及以前期间未发生任何内部交易。

根据上述资料，甲公司在2×15年度财务报表附注中应当披露关于其他综合收益各项目的信息，如表14和表15所示。

表14　其他综合收益各项目及其所得税影响和转入损益情况

项目	本期发生额			上期发生额		
	税前金额	所得税	税后净额	税前金额	所得税	税后净额
一、以后不能重分类进损益的其他综合收益	0	0	0	0	0	0
二、以后将重分类进损益的其他综合收益	32 000	-1 000	33 000	34 000	2 500	31 500
1. 权益法下在被投资单位以后将重分类进损益的其他综合收益中享有的份额	36 000			24 000		
减：前期计入其他综合收益当期转入损益	0			0		
小计	36 000	0	36 000	24 000	0	24 000
2. 可供出售金融资产公允价值变动损益	15 000			10 000		
减：前期计入其他综合收益当期转入损益	-10 000			0		
小计	5 000	1 250	3 750	10 000	2 500	7 500
3. 持有至到期投资重分类为可供出售金融资产损益	-9 000			0		
减：前期计入其他综合收益当期转入损益	0			0		
小计	-9 000	-2 250	-6 750	0	0	0
三、其他综合收益合计	32 000	-1 000	33 000	34 000	2 500	31 500

表15　其他综合收益各项目的调节情况

项目	权益法下在被投资单位以后将重分类进损益的其他综合收益中享有的份额	可供出售金融资产公允价值变动损益	持有至到期投资重分类为可供出售金融资产损益	其他综合收益合计
一、上年年初余额	0	0	0	0
二、上年增减变动金额（减少以“-”号填列）	24 000	7 500	0	31 500
三、本年年初余额	24 000	7 500	0	31 500
四、本年增减变动金额（减少以“-”号填列）	36 000	3 750	-6 750	33 000
五、本年年末余额	60 000	11 250	-6 750	64 500

（3）在资产负债表日后、财务报告批准报出日前提议或宣布发放的股利总额和每股股利金额（或向投资者分配的利润总额）。

（4）终止经营的收入、费用、利润总额、所得税费用和净利润，以及归属于母公司所有者的终止经营利润。企业披露的上述数据应当是针对终止经营在整个报告期间的经营成果。

本准则规定，终止经营，是指满足下列条件之一的已被企业处置或被企业被划归为持有待售的、在经营和编制财务报表时能够单独区分的组成部分：①该组成部分代表一项独立的主要业务或一个主要经营地区；②该组成部分是拟对一项独立的主要业务或一个主要经营地区进行处置计划的一部分；③该组成部分仅仅是为了再出售而取得的子公司。其中，企业的组成部分，是指企业的一个部分，其经营和现金流量无论从经营上或从财务报告目的上考虑，均能与企业内其他部分清楚划分。企业组成部分在其经营期间是一个现金产出单元或一组现金产出单元，通常可能是一个子公司、一个事业部或事业群，拥有经营的资产，也可能承担负债，由企业高管负责。

本准则规定，同时满足下列条件的企业组成部分（或非流动资产）应当确认为持有待售：①该组成部分必须在其当前状况下仅根据出售此类组成部分的通常和惯用条款即可立即出售；②企业已经就处置该组成部分作出决议，如按规定需得到股东批准的，应当已经取得股东大会或相应权力机构的批准；③企业已经与受让方签订了不可撤销的转让协议；④该项转让将在一年内完成。其中：上述条件①强调，被划分为持有待售的企业组成部分必须是在当前状态下可立即出售，因此企业应当具有在当前状态下出售该资产或处置的意图和能力，而出售此类组成部分的通常和惯用条款不应当包括出售方所提出的条件；上述条件②至④强调，被划分为持有待售的企业组成部分其出售必须是极可能发生的，实务中需要结合具体情况进行判断。

7. 或有和承诺事项、资产负债表日后非调整事项、关联方关系及其交易等需要说明的事项

企业应当按照相关会计准则的规定进行披露。

8. 有助于财务报表使用者评价企业管理资本的目标、政策及程序的信息

资本管理受行业监管部门监管要求的金融等行业企业，除遵循相关监管要求外，比如我国商业银行遵循中国银监会《商业银行资本管理办法（试行）》进行有关资本充足率等的信息披露，还应当按照本准则的规定，在财务报表附注中披露有助于财务报表使用者评价企业管理资本的目标、政策及程序的信息。

根据本准则的规定，企业应当基于可获得的信息充分披露如下内容：

（1）企业资本管理的目标、政策及程序的定性信息，包括：①对企业资本管理的说明；②受制于外部强制性资本要求的企业，应当披露这些要求的性质以及企业如何将这些要求纳入其资本管理之中；③企业如何实现其资本管理的目标。

（2）资本结构的定量数据摘要，包括资本与所有者权益之间的调节关系等。比如，有的企业将某些金融负债（如次级债）作为资本的一部分，有的企业将资本视作扣除某些权益项目（如现金流量套期产生的利得或损失）后的部分。

（3）自前一会计期间开始上述（1）和（2）中的所有变动。

（4）企业当期是否遵循了其受制的外部强制性资本要求；以及当企业未遵循外部强制性资本要求时，其未遵循

的后果。

企业按照总体对上述信息披露不能提供有用信息时，还应当对每项受管制的资本要求单独披露上述信息，比如，跨行业、跨国家或地区经营的企业集团可能受一系列不同的资本要求监管。

八、关于衔接规定

根据本准则列报一致性的要求，在本准则施行日之前已经执行企业会计准则的企业，应当自本准则施行日起按照本准则列报财务报表，并且对报表和附注中的比较数据按照本准则的要求进行相应调整，但调整不切实可行的除外。

第三部分
《企业会计准则第 30 号——财务报表列报》起草说明

一、本准则的制定背景

财务报表是对企业财务状况、经营成果和现金流量的结构性表述，也是企业财务会计确认与计量的最终结果体现。企业在生产经营过程中通过应用会计准则，需要经过一套完整的结构化的报表体系，科学地进行列报。投资者等使用者主要是通过财务报表来了解和掌握企业当前的财务状况、经营成果和现金流量等情况，从而预测企业的未来发展趋势，进而作出相关决策。因此，财务报表是向投资者等报表使用者提供决策有用信息的媒介和渠道，是沟通投资者、债权人等使用者与企业管理层之间信息的桥梁和纽带。

为了有效规范企业财务报表的列报，财政部于2006年2月15日发布了《企业会计准则第30号——财务报表列报》（财会〔2006〕3号，以下简称“原准则”），并于2007年1月1日起在上市公司范围内施行，鼓励其他企业执行。该准则对财务报表的组成、财务报表列报的基本要求、资产负债表、利润表、所有者权益变动表的列示和附注的披露内容、结构及其编制方法等问题进行了规范，有利于进一步提高财务报表列报质量、提升会计信息质量，并有序推进我国企业会计准则与国际财务报告准则的持续趋同。

近年来，随着企业经济业务的不断发展，有关交易和事项的会计处理也在不断发展和改进之中，财务报表列报的内容也需要随之不断发展和改进，尤其是其他综合收益项目如何在财务报表中列报亟待规范。比如，随着金融工具的不断创新，公允价值计量在财务报表中得到了日益广泛的应用，会计确认和计量中出现了越来越多的其他综合收益项目，比如可供出售金融资产的公允价值变动、现金流量套期工具产生的利得或损失中属于有效套期的部分、持有至到期投资重分类为可供出售金融资产形成的利得或损失等；又如，《国际会计准则第3号——投资性房地产》引入了公允价值，自用房地产或作为存货的房地产转换为以公允价值模式计量的投资性房地产在转换日公允价值大于账面价值部分计入其他综合收益；再如，随着我国社会保障法律体系逐渐完善，企业向职工提供福利的形式不断丰富，其中包括设定受益计划的福利形式，重新计量设定受益计划净负债或净资产的变动也属于其他综合收益。

国际会计准则理事会于2007年9月发布了对《国际会计准则第1号——财务报表列报》（以下简称“《国际会计准则第1号》”）的修订，正式引入了“综合收益”的概念，并在利润表中加以反映。对此，我国于2009年6月11日发布了《企业会计准则解释第3号》，在利润表中增加了“其他综合收益”和“综合收益总额”项目，对原准则进行了有效改进和补充，也实现了与国际列报准则的持续趋同，并且在实务中实施良好。为了进一步规范其他综合收益项目的列报，国际会计准则理事会于2011年6月16日发布了《对〈国际会计准则第1号——财务报表列报〉的修订》——《其他综合收益项目的列报》，将其他综合收益项目划分为“满足特定条件时后续将重分类计入损益的项目”和“不能重分类计入损益的项目”两类区别列报，对其他综合收益的列报问题进一步予以改进，有助于报表使用者评估其他综合收益项目对企业整体业绩的影响。《国际会计准则第1号》的修改完善为我国进一步改进财务报表列报提供了有益参考。

为进一步提高企业财务报表列报质量和会计信息透明度，整合财务报表列报相关会计规定并完善我国准则体系，同时保持我国企业会计准则与国际财务报告准则的持续趋同，根据企业会计准则的执行情况和经济环境的变化，我们对原准则进行了修订。

二、本准则的制定过程

为了规范企业财务报表的列报，财政部于2006年2月15日发布了《企业会计准则第30号——财务报表列报》（财会〔2006〕3号）。之后，在借鉴国际财务报告准则有关改进的基础上，财政部于2009年6月11日发布了《企业会计准则解释第3号》（财会〔2009〕8号），在利润表中增加了“其他综合收益”和“综合收益总额”项目，对财务报表列报进行了有效改进和补充，并且在实务中实施良好。

为了适应我国国内企业实务的实际需要，在借鉴国际财务报告准则的基础上，我们于2012年着手启动了本准则的修订工作。

根据我国会计准则制定程序，我们首先起草了本准则讨论稿，向会计准则委员会各委员征求意见。总体上，各委员都支持我国准则制定机构根据《中国企业会计准则与国际财务报告准则持续趋同路线图》的要求，结合我国实际情况，修订我国财务报表列报准则。同时，我们还进行了实地调研，并通过课题开展模拟测试，掌握了实务界第一手资料。

随后，我们按照各位委员反馈的意见和实务需要修改完善讨论稿，并在此基础上形成了本准则征求意见稿，于

2012年5月17日向社会公开征求意见。截至2012年8月31日，我们共收到52份反馈意见。社会各界从企业会计实务的实际情况、会计准则国际持续趋同等方面提出了一些建议，并对征求意见稿中所列具体问题、准则行文表述等提出意见和建议。

我们认真研究并充分吸收了反馈意见中所提出的意见和建议，形成了本准则草案，并于2013年8月5日再次向会计准则委员会各委员征求意见，进一步修改完善本准则。

在本准则起草和公开征求意见过程中，我们还和国际会计准则理事会、香港会计师公会进行了充分沟通，充分听取了国内国际各方面意见。

本准则（财会〔2014〕7号）于2014年1月26日正式发布，并要求自2014年7月1日起在所有执行企业会计准则的企业范围内施行。

三、关于财务报表的构成和名称

本准则规定，一套完整的财务报表至少应当包括“四表一注”，即资产负债表、利润表、现金流量表、所有者权益变动表以及附注。在征求意见过程中，有些反馈意见者建议借鉴国际财务报告准则中的说法，将“资产负债表”改称“财务状况表”，将“利润表”改称“综合收益表”或“损益和其他综合收益表”，并认为这样能更加准确地反映这些报表的内容。经过讨论和研究，考虑到我国《会计法》、《企业财务报告条例》、《企业会计准则——基本准则》等法律法规规定的财务报表名称为“资产负债表”和“利润表”，本准则决定仍然维持这些报表的原有名称。

同时，由于财务报表的组成部分（即"四表一注"）从不同角度对企业的财务状况、经营成果和现金流量等情况进行反映，投资者等报表使用者通过全面阅读和综合分析财务报表，可以了解和掌握企业过去和当前的状况，预测企业的未来发展趋势，从而作出相关决策，因此，本准则强调，财务报表的组成部分在列报上具有同等的重要程度，不得强调某张报表或某些报表（或附注）较其他报表（或附注）更为重要。

四、关于本准则的适用范围

本准则统一了各行业财务报表的编制要求，同时又兼顾了金融企业的特殊性，对财务报表列报格式和内容以及附注披露要求等作出了规范。因此，本准则是对财务报表列报的原则性和框架性的规定，是企业列报财务报表的最低要求，不仅适用于一般企业，也适用于金融企业等特殊行业企业。本准则规定，企业应当根据本准则及应用指南的规定，并结合自身经营活动的性质，确定本企业适用的财务报表格式；企业如存在特殊项目或特殊行业企业确有特别需要的，可以结合本企业的实际情况，在本应用指南规定的财务报表格式的基础上对财务报表格式进行相应调整和补充。

按照财务报表编报期间的不同，财务报表可以分为中期财务报表和年度财务报表，都应遵循本准则的规定；同时，企业编制中期财务报表的，还应当遵循《企业会计准则第32号——中期财务报告》。

按照财务报表编报主体的不同，财务报表可以分为个别财务报表和合并财务报表，都应遵循本准则的规定；同时，企业编制合并财务报表的，还应当遵循《企业会计准则第33号——合并财务报表》。

财务报表的组成部分包括资产负债表、利润表、现金流量表、所有者权益变动表和附注，本准则对资产负债表、利润表、所有者权益变动表和附注的列报和披露进行了规范；同时，企业编制现金流量表的，还应当遵循《企业会计准则第31号——现金流量表》，但是本准则对财务报表列报的基本要求同样适用于现金流量表的列报。

五、关于财务报表列报基础

持续经营是会计的基本前提，也是会计确认、计量及编制财务报表的基础。企业在编制财务报表的过程中，管理层应当全面评估企业的持续经营能力。在征求意见过程中，有反馈意见指出提高评估企业持续经营能力的可操作性。为此，本准则对持续经营能力评估明确了如下内容：一是持续经营能力评估涵盖的期间，应包括企业自资产负债表日起至少12个月；二是持续经营能力评估的信息来源要求，企业管理层在对企业持续经营能力进行评估时应当利用其所有可获得的信息；三是持续经营能力评估应考虑的因素。本准则还强调，企业在评估持续经营能力时应当结合考虑企业的具体情况，本准则还对通常情况下持续经营能力的评估提供了示范性的指引，即如果企业过去每年都有可观的净利润，并且易于获取所需的财务资源，则对持续经营能力的评估易于判断，企业无需作进一步的详细分析即可表明企业以持续经营为基础编制财务报表是合理的。

在征求意见过程中，还有部分反馈意见者建议本准则对处于非持续经营的企业编制财务报表应当采用的基础加以规范。经过讨论和研究，本准则决定，企业会计准则体系规范的是持续经营条件下企业对所发生交易和事项的确认、计量及报表列报，本准则的规定也是以持续经营为基础的；相反，如果企业经营出现了非持续经营，则应当采用其他基础编制财务报表，但这不属于本准则规范的范畴。

六、关于财务报表项目金额间的相互抵销

财务报表项目通常不得以金额抵销后的净额列报，而是应当以总额列报。这是因为，如果相互抵销，所提供的信息就不完整，信息的可比性大为降低，难以在同一企业不同期间以及同一期间不同企业的财务报表之间实现相互可比，报表使用者难以据以做出判断。根据本准则征求意见过程中收到反馈意见，本准则对财务报表项目金额间的相互抵销规定进行了补充完善：一是除了规定资产和负债项目、收入和费用项目的金额不能相互抵销外，还明确了直接计入当期利润的利得项目和损失项目的金额也不能相互抵销；二是进一步明确了允许抵销的三种例外情况：（1）一组类似交易形成的利得和损失以净额列示的，不属于抵销；（2）资产或负债项目按扣除备抵项目后的净额列示，不属于抵销；（3）非日常活动产生的利得和损失，以同一交易形成的收益扣减相关费用后的净额列示更能反映交易实质的，不属于抵销。

七、关于比较信息的列报

本准则要求企业在列报当期财务报表时，至少应当提供所有列报项目上一个可比会计期间的比较数据，提高信息在会计期间的可比性。在征求意见过程中，有反馈意见者提出，关于比较信息的列报要求应当与《企业会计准则第28号——会计政策、会计估计变更和差错更正》相协调。他们认为，根据《企业会计准则第28号》的规定，企业应当应用追溯调整法对会计政策变更进行处理、应当对重要的前期差错进行追溯重述，在这些情况下企业需要提供列报最早可比期间期初的财务报表。本准则充分考虑并吸收了这些反馈意见者的建议，规定在通常情况下，企业列报所有列报项目上一个可比会计期间的比较数据，至少包括两期各报表及相关附注；但是按照《企业会计准则第28号》规定进行追溯调整或追溯重述时，企业应当至少列报三期资产负债表、两期其他各报表（利润表、现金流量表和所有者权益变动表）及相关附注。

八、关于可转换工具负债成分的流动性划分

关于负债的流动性划分，其中一项判断标准是企业无权自主地将清偿推迟至资产负债表日后一年以上的，则该负债为流动负债。为此，对于可转换工具应用这一标准意味着，如果持有者在任何时候可以行使转换的选择权，则负债成分应当分类为流动负债。但是，企业资产和负债流动性划分的初衷是为了更好地反映企业的流动性和清偿能力，考虑到可转换工具通过发行权益来清偿并不导致企业

现金或其他资产的流出，因此，本准则决定，负债在其对手方选择的情况下可通过发行权益进行清偿的条款与在资产负债表日负债的流动性划分无关，即在这种情况下，可转换工具负债成分仍然应当划分为非流动负债。

九、关于持有待售相关资产和负债的列报

在征求意见过程中，有些反馈意见者提出，划分为持有待售的资产和负债如何在财务报表中列报应当在本准则中加以规范和明确，他们建议在资产负债表资产类增加单独列示“被划分为持有待售的非流动资产及被划分为持有待售的处置组中的资产”，在负债类增加单独列示“被划分为持有待售的处置组中的负债”，并明确作为流动资产或流动负债列报。本准则充分考虑并吸收了这些反馈意见者的建议，考虑到持有待售非流动资产（或处置组）的价值的收回主要通过出售而非持续使用，应当予以单独列报。本准则决定，如果企业有划分为持有待售的非资产或划分为持有待售的处置组中的资产和负债，可以在资产负债表中增加相应的单独列报项目，并且作为流动资产或流动负债列报。

十、关于其他综合收益项目的内容

本准则是报告类具体准则，解决的是其他综合收益项目如何在财务报表中列报的问题，其他综合收益的定义是概念框架应当解决的问题，这也是目前国际财务报告准则理事会的做法。为此本准则采用列举的方式列举了其他综合收益项目，这一做法也得到了征求意见稿大部分反馈意

见者的支持。

还有许多征求意见稿反馈意见者建议，应当明确其他综合收益会计处理的具体科目使用，有些建议直接增设“其他综合收益”科目。本准则充分考虑并吸收了这些反馈意见者的建议，决定增设“其他综合收益”科目，对其他综合收益相关业务进行会计处理，也便于财务报表的编制。

十一、关于所有者权益变动表的列报格式

在征求意见过程中，有些反馈意见者提出，本准则征求意见稿增加了对于其他综合收益各项目在所有者权益变动表中的“期初和期末余额及其调节情况”，而企业可能同时存在多项其他综合收益，因而担心在所有者权益变动表中单独列示其他综合收益各项目将导致该报表过于复杂难于阅读，建议置于附注中披露。本准则充分考虑并吸收了这些反馈意见者的建议，决定在所有者权益变动表的“表头”部分对其他综合收益项目不予展开，而将其他综合收益各项目的期初与期末余额及其调节情况等相关内容在附注中披露，以避免所有者权益变动表过于繁杂冗长。

十二、关于费用按照性质法列报

在利润表中费用的列报通常有两种做法：一是费用按照功能分类，即将费用按照企业的活动分为从事经营业务发生的成本、管理费用、销售费用和财务费用等，有助于使用者了解费用发生的活动领域；二是费用按照性质分类，即将费用按其自身性质分为耗用的原材料、职工薪酬

费用、折旧费用、摊销费用等，有助于报表使用者预测企业的未来现金流量。这两种列报方法互为补充。我国企业会计准则一直要求在利润表中对费用按照功能分类进行列报，本准则决定，要求企业应当在附注中披露费用按照性质分类的利润表补充资料，从而有利于报表使用者全面了解企业的经营成果。同时，为便于企业实务操作，本准则对费用按照性质分类的补充资料示范性地提供了具体的披露格式，企业可以结合自身情况进行披露。

第四部分

Accounting Standard for Business Enterprises No. 30—Presentation of Financial Statements

Chapter 1 General Provisions

Article 1 This Standard is formulated in accordance with the "*Accounting Standard for Business Enterprises—Basic Standard*" for the purpose of prescribing the basis for presentation of financial statements, in order to ensure comparability between financial statements of the same enterprise for different periods, as well as comparability between financial statements of different enterprises for the same period.

Article 2 Financial statements are a structured representation of the financial position, operating results and cash flows of an enterprise. Financial statements shall at least comprise the following components:

(a) a balance sheet;

(b) an income statement;

(c) a cash flow statement;

(d) a statement of changes in owners' equity (or shareholders' equity, same as below);

(e) notes.

The above components of financial statements shall be presented with equal prominence.

Article 3 This Standard shall apply to stand-alone and consolidated financial statements, as well as annual and interim financial statements unless otherwise prescribed in "*Accounting Standard for Business*

Enterprises No. 32—Interim Financial Reporting". Consolidated financial statements shall also be prepared and presented in accordance with "*Accounting Standard for Business Enterprises No. 33—Consolidated Financial Statements*". Cash flow statements shall also be prepared and presented in accordance with "*Accounting Standard for Business Enterprises No. 31—Cash Flow Statements*". Specific presentation requirements of other Accounting Standards are dealt with under other relevant Accounting Standards.

Chapter 2 Basic Requirements

Article 4 An enterprise shall, on a going concern basis, prepare its financial statements by recognizing and measuring actual transactions and events that have occurred in accordance with the requirements of "*Accounting Standard for Business Enterprises—Basic Standard*" and other Accounting Standards. An enterprise shall not use disclosure in notes to substitute recognition and measurement. Inappropriate recognition and measurement cannot be rectified by disclosure of the relevant accounting policies used.

If information disclosed in accordance with relevant Accounting Standards is not sufficient for users of financial statements to understand the effect of specific transactions or events on financial position and operating results of an enterprise, the enterprise shall disclose other necessary information.

Article 5 When preparing financial statements, management shall make an assessment as to whether the going concern assumption is appropriate, taking into account all available information about the future, which is at least, but is not limited to, twelve months from the end of the reporting period.

In making the assessment, management may need to consider factors such as macro policy risk, market operational risk, current or long-term profitability and debt repayment ability of the enterprise, as well as its financial flexibility, and the intention of management to change the operational policy of the enterprise.

When the outcome of the assessment indicates significant doubt upon the enterprise's ability to continue as a going concern, the enterprise shall disclose in the notes those factors that may cast significant doubt upon the enterprise's ability to continue as a going concern and the management's responsive plan.

Article 6 When an enterprise has a recent history of profitable operations and ready access to financial resources, this usually indicates that the going concern basis of accounting in preparing financial statements is reasonable.

When an enterprise has formally decided to liquidate or cease operation or has been forced into doing so in either the current or the next accounting period, this indicates that the enterprise is not able to continue as a going concern. Accordingly, another basis shall be used to prepare its financial statements. The fact that the financial statements are not prepared on a going concern basis shall be disclosed in the notes, together with the underlying reasons and the basis on which the financial statements are prepared.

Article 7 An enterprise shall prepare its financial statements, except for the cash flow statement which shall use cash basis of accounting, using the accrual basis of accounting.

Article 8 The presentation of items in the financial statements shall be retained from one period to the next and shall not be changed arbitrarily, unless:

(a) an Accounting Standard requires a change in presentation.

(b) following a significant change in the nature of the enterprise's operations or the occurring of a transaction or event which has a significant impact on the enterprise's operations, a change in the presentation of items in the financial statements is able to provide more reliable and relevant accounting information.

Article 9 Items of a dissimilar nature or function shall be presented separately on the financial statements unless they are immaterial.

Each material class of items with similar nature or function shall be presented separately in the financial statements.

An item that is not sufficiently material to warrant separate presentation in balance sheet, income statement or statement of changes in owners' equity but is material to the notes, shall be disclosed separately in the notes.

Article 10 Material is defined as: If the omission or misstatement of an item in the financial statements could influence the economic decisions of users under the reasonable expectations, that item is regarded as material.

Materiality depends on both the nature and size of the item judged in the surrounding circumstances of the enterprise. Materiality level for each item shall not be changed arbitrarily once they have been determined. In determining materiality of the nature of an item, an enterprise shall consider factors such as whether the nature of the item is within the enterprise's ordinary activities or has obvious significant effect on the financial position, operating results and cash flows of the enterprise.

In determining materiality of the size of an item, an enterprise shall consider the relative magnitude of the item to the size of directly related items or related accounting line items in the financial statements, such as total assets, total liabilities, total owners' equity, total revenue, total operating costs, net profit, total comprehensive income, etc.

Article 11 For reporting in the financial statements, the amounts of assets and liabilities, revenue and expenses, and gains and losses recognised directly in profit for the period shall not be offset unless otherwise prescribed in other Accounting Standards.

An entity shall present on a net basis gains and losses arising from a group of similar transactions unless they are material.

Presenting the net amounts of assets or liabilities after deduction of allowance item is not offsetting.

For gains or losses arising from transactions other than daily operating activities, presentation of the net amount by deducting any income with related expenses can reflect the substance of the transaction and is not offsetting.

Article 12 Except when another Accounting Standard stipulates otherwise, comparative information shall be disclosed at least in respect of the previous period for all amounts reported in the financial statements, and descriptive information shall be provided when it is relevant to an understanding of the current period's financial statements.

When the presentation of items in the financial statements is changed according to Article 8 of this Standard, at least comparative amounts in respect of comparable periods shall be reclassified in line with the presentation of the current period. The reason and the nature of the reclassification, as well as the amount of each line item that is reclassified shall be disclosed in the notes. When it is impracticable to reclassify the comparative amounts in respect of previous periods, the reason for not reclassifying the amounts shall be disclosed in the notes.

Impracticable is defined as: Applying a requirement is impracticable when the enterprise cannot apply it after making every reasonable effort to do so.

Article 13 An enterprise shall display prominently in the financial statements at least the following information:

(a) the name of the reporting enterprise.

(b) the balance sheet date or the period covered by the financial statements.

(c) unit of the amounts in Renminbi.

(d) if the financial statements are consolidated financial statements, indicate they are consolidated.

Article 14 Financial statements shall be presented at least annually. When the annual financial statements are presented for a period shorter than one year, an enterprise shall disclose the period covered by the financial statements, the reason why it is shorter than one year and the fact that amounts presented in the financial statements are not comparable.

Article 15 When items are required by this Standard to be separately presented in the financial statements, they shall be presented separately. For those items which are required by other Accounting Standards to be separately presented in the financial statements, they shall be presented separately in addition to those required under this Standard.

Chapter 3 Balance Sheet

Article 16 Assets and liabilities shall be presented as current and non-current assets, and current and non-current liabilities.

For enterprises such as financial institutions that do not supply goods or services within a clearly identifiable operating cycle, their assets and liabilities can be presented in order of liquidity if a presentation based on liquidity provides information that is reliable and is more relevant.

For an enterprise which has diverse operations, it is permitted to use a mixed basis of presentation to present some of its assets and liabilities using a current/non-current classification and others in order of liquidity when this provides information that is reliable and more relevant.

An enterprise shall disclose the amount expected to be recovered or settled after more than one year for each asset and liability line item that combines amounts expected to be recovered or settled within one year (including one year, same as below) after the balance sheet date and more than one year after the balance sheet date.

Article 17 An asset shall be classified as a current asset when it satisfies any of the following criteria:

(a) it is expected to be realized, sold or consumed in a normal operating cycle.

(b) it is held primarily for the purpose of being traded.

(c) it is expected to be realized within one year after the balance sheet date.

(d) it is cash or a cash equivalent which is not restricted from being exchanged for other assets or used to settle a liability within one year after the balance sheet date.

A normal operating cycle refers to the time period between the acquisition of assets for processing and their realisation in cash or cash equivalents. A normal operating cycle is usually shorter than one year. There are also situations where a normal operating cycle is longer than one year due to comparatively long production cycle. In such situations, the relevant assets are still classified as current assets even they are expected to be realised, sold or consumed in more than one year. If the normal operating cycle is not identifiable, it shall be assumed to be of one year's (12 months') duration.

Article 18 Assets other than current assets shall be classified as non-current assets and shall be presented and classified according to their nature. Non-current assets classified as held for sale shall be classified as current assets.

Article 19 A liability shall be classified as a current liability when it satisfies any of the following criteria:

(a) it is expected to be settled in a normal operating cycle.

(b) it is held primarily for the purpose of being traded.

(c) it is due to be settled within one year after the balance sheet date.

(d) the enterprise does not have a discretionary right to defer settlement of the liability for more than one year after the balance sheet date. Terms of a liability that could, at the option of the counterparty, result in its settlement by the issue of equity instruments do not affect its classification.

The same normal operating cycle should be applied to the classification of an enterprise's assets and liabilities. An enterprise shall classify operating liabilities which is expected to be settled in the enterprise' normal operating cycle as current liabilities even if they are due to be settled more than one year after the balance sheet date. Operating liabilities include items such as trade payables and some employee benefits payable which are parts of the working capital used in the enterprise's normal operating cycle.

Article 20 Liabilities other than current liabilities shall be classified as non-current liabilities and shall be presented and classified according to their nature.

Non-current liabilities classified as held for sale shall be classified as current liabilities.

Article 21 If an enterprise expects, and has the discretion, to roll over an obligation of settlement for more than one year after the balance sheet date, it shall classify the obligation as a non-current liability, even if the liability is due for payment within one year after the balance sheet date. If an enterprise has no discretion to roll over an obligation of settlement, it shall classify the obligation as a current liability even if an agreement to reschedule payments is completed after the balance sheet date but before the financial report are authorized for issue.

Article 22 When an enterprise breaches an undertaking under a long-term loan agreement on or before the balance sheet date with the effect that the liability becomes payable on the demand of the lender, the liability shall be classified as a current liability.

If the lender, on or before the balance sheet date, agrees to provide a period of grace ending more than one year after the balance sheet date, within which the enterprise can rectify the breach and during which the lender cannot demand immediate repayment, then the liability shall be classified as a non-current liability.

Other non-current liabilities in similar situations shall be accounted for in line with the preceding two paragraphs.

Article 23 As a minimum, the face of the balance sheet shall separately present line items that reflect the following information in respect of assets:

(a) currency funds;

(b) financial assetsmeasured at fair value through profit or loss for the current period;

(c) accounts receivable;

(d) prepayments;

(e) inventories;

(f) non-current assets classified as held for sale and assets included in disposal groups classified as held for sale;

(g) available-for-sale financial assets;

(h) held-to-maturity investments;

(i) long-term equity investments;

(j) investment properties;

(k) fixed assets;

(l) biological assets;

(m) intangible assets;

(n) deferred tax assets.

Article 24 As a minimum, subtotals for current assets and non-current assets shall be presented on the face of the balance sheet, unless it is impracticable to have such presentation based on the nature of the enterprise's operation.

Article 25 As a minimum, the face of the balance sheet shall separately present line items that reflect the following information in respect of liabilities:

(a) short-term borrowings;

(b) financial liabilities measured at fair value through profit or loss for the current period;

(c) accounts payable;

(d) receipts in advance;

(e) employee benefits payable;

(f) tax payables;

(g) liabilities included in disposal groups classified as held for sale;

(h) long-term borrowings;

(i) bonds payable;

(j) long-term payables;

(k) provisions;

(l) deferred tax liabilities.

Article 26 As a minimum, subtotals for current liabilities and noncurrent liabilities, and the amount of total liabilities shall be presented on the face of the balance sheet, unless it is impracticable to have such presentation based on the nature of the enterprise's operation.

Article 27 As a minimum, the face of the balance sheet shall separately present line items that reflect the following information in respect of owners' equity:

(a) paid-in capital (or share capital, same as below);

(b) capital reserves;

(c) surplus reserves;

(d) unappropriated profit.

In a consolidated balance sheet, non-controlling interests shall be separately presented within owners' equity.

Article 28 Subtotal for owners' equity shall be presented on the face of the balance sheet.

Article 29 The amounts of "Total assets" and "Total liabilities and owners' equity" shall be presented on the face of the balance sheet.

Chapter 4 Income Statement

Article 30 Expenses shall be classified based on function, into costs of operation, administrative expenses, selling and distribution expenses and financial expenses, etc.

Article 31 As a minimum, the face of the income statement shall separately present line items that reflect the following information unless otherwise prescribed in other Accounting Standards:

(a) operating income;

(b) operating costs;

(c) business tax and surcharge;

(d) administrative expenses;

(e) selling and distribution expenses;

(f) financial expenses;

(g) investment income;

(h) gains or losses from changes in fair values;

(i) impairment loss of assets;

(j) gains or losses from disposal of noncurrent assets;

(k) income tax expenses;

(l) net profit;

(m) each component of other comprehensive income, net of income tax effect;

(n) total comprehensive income.

A financial institution can present the income statement line items according to its special nature.

Article 32 Comprehensive income is the change in equity during a period resulting from transactions and other events, other than those changes resulting from transactions with owners in their capacity as owners. Total comprehensive income reflects the total amount of net profit and other comprehensive income net of income tax effect.

Article 33 Other comprehensive income refers to gains or losses that are not recognised in profit or loss as required by other Accounting Standards.

Items of other comprehensive income shall be

presented, in accordance with other related Accounting Standards, into following two categories:

(a) other comprehensive income items which will not be reclassified subsequently to profit or loss. These items mainly include changes as a result of remeasurement of net defined benefit plan liability or asset, share of the other comprehensive income of the investee accounted for using equity method which will not be reclassified subsequently to profit and loss;

(b) other comprehensive income items which will be reclassified subsequently to profit or loss when specific conditions are met. These items mainly include share of the other comprehensive income of the investee accounted for using equity method which will be reclassified subsequently to profit or loss when specific conditions are met, gains or losses arising from changes in fair value of available-for-sale financial assets, gains or losses arising from reclassification of held-to-maturity investments as available-for-sale financial assets, the effective hedging portion of gains or losses arising from cash flow hedging instruments and translation differences arising on translation of foreign currency financial statements, etc.

Article 34 An enterprise shall separately present profit or loss attributable to owners of the parent company and attributable to non-controlling interests, after the line of net profit on the face of a consolidated income statement, and total comprehensive income attributable to owners of the parent company and attributable to non-controlling interests, after the line of total comprehensive income on the face of a consolidated income statement.

Chapter 5 Statement of Changes in Owners' Equity

Article 35 An enterprise shall present a statement of changes in owners' equity showing the movements of each component of owners' equity during the period. Changes resulting from comprehensive income and capital transactions with owners (shareholders, same as below) shall be separately presented.

Capital transactions with owners refer to transactions with owners in their capacity as owners resulting in changes in the enterprise's owners' equity.

Article 36 As a minimum, the face of the statement of changes in owners' equity shall separately present line items that reflect the following information:

(a) total comprehensive income, showing separately the total amounts attributable to owners of the parent and to non-controlling interests on the face of the consolidated statement of changes in owners' equity;

(b) cumulative effect of changes in accounting policies and corrections of errors;

(c) capital contributions by owners and profit distributions to owners;

(d) appropriation to surplus reserves pursuant to laws and regulations;

(e) for each component of owners' equity, the opening balance and closing balance as well as their reconciliation.

Chapter 6 Notes

Article 37 Notes are narrative descriptions or detailed information about the items presented on the face of the balance sheet, income statement, cash flow statement and statement of changes in owners' equity. Notes also provide descriptions of those items which are not presented on the face of these statements.

Article 38 Notes shall disclose information about the basis of preparation of the financial statements. Items presented on the face of the balance sheet, income statement, cash flow statement and statement of changes in owners' equity shall be cross-referenced to the related information in the notes.

Article 39 Notes shall disclose, as a minimum, the following information and are normally presented in the following order:

(a) basic information about the enterprise.

(i) the place of registration and legal form of the enterprise and the address of its head office.

(ii) the nature of the enterprise's business and its principal operating activities.

(iii) the name of the parent and the ultimate parent of the group.

(iv) by whom and the date the financial statements are authorised for issue, or the signatory and the signing date.

(v) if it is a limited life enterprise, information regarding the length of its life.

(b) the basis of preparation of the financial statements.

(c) a statement of compliance with the Accounting Standards for Business Enterprises.

An enterprise shall make a statement that the financial statements have been prepared in accordance with the requirements of Accounting Standards for Business Enterprises and truly and completely present the information related to the financial position, operating results and cash flows of the enterprise.

(d) significant accounting policies and accounting estimates.

A description of significant accounting policies includes the measurement bases for items recognized in the financial statements, and the significant judgments that has made in the process of applying the accounting policies. A description of significant accounting estimates includes the basis of determining any estimation that is probable of resulting in a material adjustment to the carrying amounts of assets and liabilities within the next accounting period.

An enterprise shall disclose significant accounting policies and accounting estimates adopted. When disclosing significant accounting policies and accounting estimates, the enterprise shall disclose the criteria for selection of accounting policies, measurement bases for items in the financial statements as well as the key assumptions used and uncertainties involved in making accounting estimates.

(e) descriptions of any changes in accounting policies and accounting estimates, and corrections of errors.

An enterprise shall disclose information about changes in accounting policies and accounting estimates, and corrections of errors in accordance with "*Accounting Standard for Business Enterprises No. 28—Changes in Accounting Policies and Accounting Estimates and Corrections of Errors*".

(f) descriptions of material line items in financial statements.

An enterprise shall present descriptions of material line items in the balance sheet, income statement, cash flow statement, statement of changes in owners' equity in the order in which each statement and each line item is presented, using a combination of narrative and numerical information. The total amount of the detailed breakdown of each material line item should agree with the amount shown on the face of the statements.

An enterprise shall disclose supplementary information about expenses in the notes by nature of the expenses, including raw materials used, employee benefits expense, depreciation and amortisation expense, etc.

(g) contingencies and commitments, non-adjusting events after the balance sheet date, related party relationships and transactions and other events that shall be disclosed.

(h) information that enables users of financial statements to evaluate the enterprise's objectives, policies and processes for managing capital.

Article 40 An enterprise shall disclose following information in the notes about each item of other comprehensive income:

(a) each item of other comprehensive income and the related income tax effect;

(b) the amounts of each item of other comprehensive income which is reclassified to profit or loss in the current period that were recognised in other comprehensive income previously;

(c) for each component of other comprehensive income, the opening balance and closing balance as well as their reconciliation.

Article 41 An enterprise shall disclose in the notes the amount of revenue, expenses, total profit, income tax expenses and net profit arising from discontinued operations, as well as the amount of operating profit from discontinued operations attributable to owners of parent company.

Article 42 A discontinued operation is a component of an enterprise that either has been disposed of or is classified as held for sale, and is separately identifiable operationally and for financial reporting purposes, and satisfies one of the following conditions:

(a) represents a separate major line of business or geographical area of operations.

(b) is part of a single co-ordinated plan to dispose of a separate major line of business or geographical area of operations.

(c) is a subsidiary acquired exclusively with a view to resale.

A component of an enterprise (or non-current asset, same as below) that satisfies all of the following conditions shall be classified as held for sale: the component must be available for immediate sale in its present condition subject only to terms that are usual and customary for sales of such component; the enterprise has decided to dispose of the component (if shareholders' approval is required, the enterprise shall obtain approval in shareholders meeting or equivalent authority); the enterprise has signed an irrevocable transfer agreement with the transferee; and the transfer is to be completed within one year.

Article 43 An enterprise shall disclose in the notes the amount of dividends proposed or declared after the balance sheet date but before the financial report was authorized for issue and the related amount per share (or the total amount of profit distributed to the owners).

Chapter 7 Transitional Provisions

Article 44 For those enterprises adopted Accounting Standards for Business Enterprises before the adoption of this Standard, these enterprises shall adjust the items presented in the financial statements in accordance with this Standard, as well as comparative data in relevant statements and the notes unless it is impracticable to do so.

Chapter 8 Supplementary Provisions

Article 45 This Standard becomes effective as from July 1, 2014.